與死亡的67場對話

The Gate of Death

'67場對話

劍橋大學教授本森日記選，
還原出震懾人心的死之體驗

Arthur Benson

【英】亞瑟·本森 —— 著

邢錫範 —— 譯

U0075327

目錄

CONTENTS

CONTENTS

導言

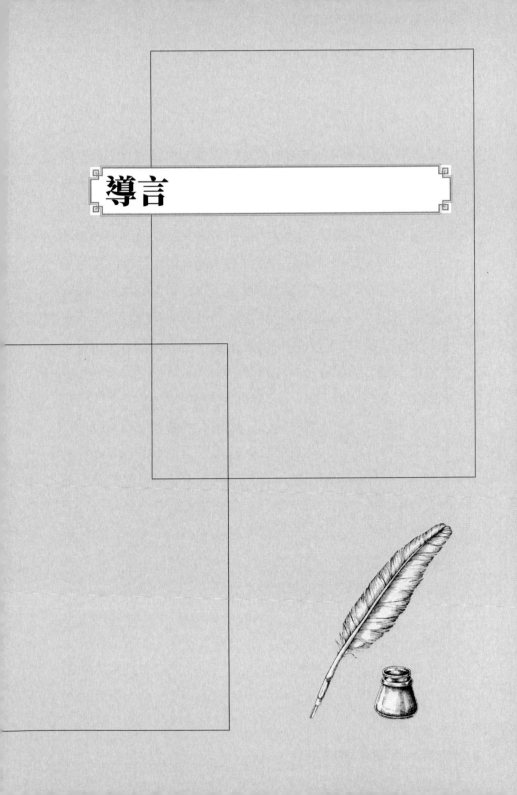

導言

　　有幸讀到這本書的部分讀者也許會挑出書中的毛病。其實，這本書論述的是世間最悲傷、最黑暗、最莊嚴、最不可避免、最令人恐懼的事實 —— 死亡；任何出生在這個奇特世界上的人，無論偉大的或渺小的、高貴的或低賤的、聰明的或愚笨的，對我們來說，死亡都是具有重大意義的恐怖之事。本書並沒有對死亡這個主題作出完整的、廣泛的、富有哲理的論述，不過是記錄了我在突然遭遇死亡威脅時的真實想法，而在日常生活裡，我一直過著平凡的日子，沒有更深刻地培養自己的智慧、信仰和情懷，只是盡我所能來解說這個主題。很多人根本沒有機會回顧這樣的經歷，對他們來說，沒等他們來得及弄明白死亡意味著什麼，就已經撒手人寰了。另外一些人，在死亡陰影的籠罩下，不忍心或者沒有心情把自己的感受講出來；還有一些人，如果可能的話，他們也許願意說一說，可是他們的寫作能力欠佳，難以表達清楚自己的想法。我只能說，似乎是我的本性讓我覺得有責任來盡可能坦率地講一講自己這段非凡的經歷；本書不是為那些好奇之人或好推測之人而寫，也不是為那些無憂無慮的人或冷漠的人而寫；有些人，他們總覺得他們的生活籠罩著巨大的陰影；還有一些人，他們意識到，無論他們是否願意，自己都正在一天天靠近誰也避免不了的，誰都會感到恐懼的死亡，而這也許非常不情願，非常悲哀。我的這本書就是為

他們寫的。是啊，人生最後的冒險將把我們與我們所熟悉的、所珍愛的事物分開，把我們與我們所知道的愛和光分開，甚至，也許還會把我們與我們自身分開。

近年來，科學研究的成果讓我們比父輩們更多地了解了過去和現在，但是科學卻並沒有告訴我們未來的我們是什麼樣子。如此一來，正因為科學可以探索人們所能知道的，這實際上已經加劇了人們對未知事物和未勘察事物的憂慮和恐懼。

由此來看，似乎我們對上帝和上帝的意圖了解得越多，我們就越不理解上帝；事實上，有一天，我們的孩子也許會依據更為豐富的知識回顧我們這一代人的生活，對我們的生活方式感到疑惑，因為我們的認知是不確定的，我們的信仰也在減弱；但是我寧願相信，上帝會根據我們的需求和所遭受的痛苦去平衡我們的信念和勇氣。如果說這本書所講的事物有點價值，那要歸因於這樣一個事實，即作者盡其所能，真誠坦率而又冷靜地直視自己的經歷，沒有掩飾自己的困惑、苦楚和恐懼；而且，與此同時，作者也沒有試圖以一種不忠實的精神和沮喪的情緒為陪伴自己走向黑水河畔的希望、本能和慰藉進行辯護。

1906 年 9 月 3 日

作者的說明

作者的說明

　　因為大家都認識我，所以這本書最初是匿名發表的。首先，該書的主題似乎讓這本書有足夠的吸引力，所以不言而喻，應當講述作者自己的故事，提出自己的想法。還有，以自傳體形式記錄自己的體驗，似乎也是一種過於親密的論述方法，如果附加作者的真實姓名，那就不太合適，也是不方便的。鑑於這些以及其他不必在這裡說明的原因，我更希望匿名出版這本書，而且我曾希望就這麼保持下去。可是現在這本書似乎被理所當然地認為是我寫的，應該歸到我的名下，何況我經常收到許多本書讀者的來信，他們對我的作者身分不加懷疑，所以我覺得最好還是承認了吧，不要再對本沒有神祕可言的事祕而不宣，像鴕鳥把自己的腦袋埋在沙堆裡那樣！

劍橋大學莫德林學院　亞瑟・克里斯多福・本森

1909 年 1 月 17 日

6 月 16 日

　　醫生剛剛離開，他那祝福的話語仍在我的耳邊迴盪：
「我看沒什麼問題，經過一段時間治療，你就會完全康復。」
這是一位了不起的大夫。他說我的身體完好無損，顯然體質
相當不錯。臨走時他微笑著看了看我，似乎我還可以四處閒
逛，不會讓我的病情變得更糟。我希望自己能說出一段讚美
的話來表達我的感激之情，把我的感受，哪怕是十分之一的
感受，用親切的、簡單的詞語表達出來；而實際上呢，我無
聲的喜悅就像芬芳的焚香，從我心中的聖壇飄向上帝……我
喜悅快樂的上帝……我彷彿置身於幸福的海洋，漂浮在藍色
的波浪之上，沐浴著燦爛的陽光，頭頂是一片開闊的天空。
如此愉悅，幾乎讓我覺得不該這樣，然而，我為此付出了沉
重的代價 —— 但它是非常值得的代價。受傷後我並不擔心自
己會死去，我早已經沒有了那種恐懼感 —— 我是害怕病魔纏
身、拖著不死、多年虛弱地躺在病床上，這也不能做，那也
不能做；被迫休息，只顧自己，自憐自艾，照著醫囑活著，
為了一些雞毛蒜皮的事而煩惱 —— 這種令人無法忍受的生
活。我不能這樣苦度餘生！

　　喜悅之情的衝動漸漸消失。我身體太虛弱了，即使是喜

悅的感覺，也這麼快就讓我疲倦了。現在的我似乎並不渴望祈禱上帝、感恩上帝、讚美上帝。我覺得自己的靈魂已經坦露在上帝面前，上帝似乎認可了我，甚至與我一起感到歡喜；假如我能陳述，我覺得自己像是一個快樂的孩子，玩累了，坐在父親的膝蓋上，腦袋依偎著祂的肩膀，從祂那裡獲得安全感，受到祂的喜愛和寬慰，這種平靜，任何力量也無法搖動。以前我總是覺得，無論是遇到麻煩的事還是開心的事，似乎有某種東西，或者說某種觸摸不到的柵欄，把我與上帝隔開了；現在這種感覺全都沒有了，上帝如今就在我身邊。

我的妹妹一直在照顧我。醫生已經告訴她完全相同的囑咐。不過，我多少有點疑惑，醫生是不是為了鼓勵我，沒有如實告訴我病情，可是情況看上去又不是這樣。

到了年底，我也許可以重新工作了；到那時候我才會心滿意足，從容不迫地做著自己的事情，而且也許我的身體狀況每天都能有所改善。我們並沒有過多地談論福音，我妹妹懂得我的心思。女人啊，多麼奇妙的生物！我覺得，我首先想到的往往是自己；但是我看得出來，我的妹妹比我還要高興。她想的只是我 —— 她的喜悅之情比我的更加純淨！

6 月 18 日

　　他們現在允許我寫作了，只要我別累著自己；這讓我大大鬆了一口氣。像我這樣的人，寫了那麼多東西，整個生活的大部分時間都用於「遣詞造句」，到了晚年卻不得不放棄寫作，那可讓我太痛苦了。這樣的想法在我的頭腦裡嗡嗡作響，就像鴿舍裡的野蜂跌跌撞撞地尋找出口；一連好幾個小時，我在琢磨著用什麼詞句和段落來表達我的感受。我打算努力把最近幾個月發生的事都記下來，因為我經歷了某些非常奇特的體驗，值得說一說。我曾兩次來到死亡之門的門口，等候著大門向我敞開；可兩次都吃了閉門羹，我只好轉身離開，慢慢地回到生活中。每一次的經歷都是不一樣的；也完全不像我夢過的或想像過的任何情境。

　　讓我從頭講起吧。我翻閱了自己今年頭幾個星期的日記。我在倫敦忙著寫作，一直到 1 月中旬。這是一段無聊的記載，讀起來沒有什麼意思；一天的時間大部分用於寫作，總是在俱樂部與相同的人會面，偶爾在一起吃頓晚餐，星期天外出郊遊。到了 1 月 20 日，我完成了最難寫的一章，我覺得有點疲憊，就來到離倫敦 30 英里的薩塞克斯郡我妹妹家裡。這是一座舒適的鄉村教區牧師的住宅，非常寧靜。我的

15

妹夫是這裡的牧師，與我妹妹結婚已有 10 年了，他們有兩個孩子。我妹妹是我最親近的親人。我很喜愛這個地方；周圍的鄉村景色優美，到處都是茂盛的樹木和低矮的灌木叢。教區牧師的住宅緊挨著教堂，在這裡聲望很高。教堂下面是一片保存下來的古樹林。從我房間的窗戶可以看到遠處地平線上，南丘那道綠色的丘陵地帶。

這裡的生活適合我這位獨居者的品味；我們幾乎看不到什麼人。妹夫和妹妹都很忙，因為這裡的教區活動地點比較分散。我完全依照自己的喜好做事，安排自己的時間。一天到晚我主要是寫作，午後出去散散步；到了晚上我常常向他們大聲朗讀自己寫的段落，這麼做好處很多，遠遠好過接受他人善意的批評，因為我們都喜歡文學。這是一種完美的生活，我們有著相同的意念，我們欣賞彼此的才華。不時會有一些朋友造訪，但是我們也滿足於獨處生活的寧靜。孩子們很可愛，純樸天真，幸福快樂，似乎讓我感受到了家庭的樂趣，也絲毫不會讓我自己為沒有家庭而感到焦慮。

事故發生在 1 月 27 日，因為日記最後一篇記的都是 26 日的事，當天夜裡寫的。我在日記裡看到我說，我休息得很好，已經從倫敦的疲憊狀態當中完全恢復過來，打算繼續開始努力工作，起草一部新的作品；但奇怪的是，儘管我記得來這裡的旅途情況，到達後第一天晚上的情景：為了等候我，

孩子們還沒有睡，我把準備給他們的小禮物拿出來 —— 在此之後，我的大腦竟是一片空白。我看到日記裡白紙黑字記錄著隨後幾天裡的事件，即從21日到26日，所以我毫不懷疑，發生的事情與我的記載是一致的；但是，儘管我在頭腦裡從頭至尾地搜索，卻發現自己怎麼也記不起這些事情了。

6 月 19 日

　　他們告訴我，這是一次非同尋常的經歷；可是這又是多麼神祕的經歷啊！假如記憶可以如此加以消除，就像黑板上寫的字被板擦擦掉，一個人的思想看起來像是更緊密地纏結在一起，而不是像人們以為的那樣，與身體融為一體？當我們處於睡眠狀態中，似乎存在著某種隱祕的意識。但是人的記憶似乎不是身體上的事。我猜想，這些日子發生的事沒有在我的身體上留下多少痕跡。經歷這些事情之後，原先的我和現在的我並不完全是同一個人，對發生的事情我竟然沒有任何意識。

　　一個人的死亡體驗是指這個人的意識悄悄地溜出了他的身體，但是這個人的思想和記憶肯定仍然是他自己的。我經常想到，如果關閉所有的感官，死亡會使一個人在一段時間裡對所有印象沒有知覺，處在又聾又瞎的隔離狀態。我總是相信自我的保留，有時我很想知道，為什麼死者的靈魂沒有力量與活著的人的靈魂進行交流。其原因也許不在於遭受死亡的靈魂不得不了解其所處的新環境，就像剛剛降臨人間的孩子，在出生後的前幾個星期或前幾個月裡，對外在的事物沒有多少感覺。意識在那裡，在嬰兒的精神裡；嬰兒顯然全

神貫注於其自身的感覺；而事實上我毫不懷疑，孩子的知覺其實正處在感受最強烈的階段，因為隨著我們年齡的成長，我們發現這些知覺逐漸變得遲鈍。但是幾個月大的孩子似乎沒有理性和回憶。我常常感到疑惑，他們的小腦袋裡整天都在想些什麼；所以我想到，人在死後也許有一段與此類似的時間，靈魂需要了解其所處的新環境，透過新的理解管道獲取知覺，以新的觀念逐漸獲得感悟。

但是，如果是這樣，當死了一段時間以後，死者靈魂已經領悟了新的知覺，我們為什麼還是不能意識到死者靈魂的存在？難道是死者靈魂的記憶，隨著人間記錄儀的毀滅而遭到了破壞？這是一種可怕的想法，所有美好的、儲存起來的思想財富，所有的愛和希望、快樂和美麗，知識與力量，都會像繚繞的薄霧逐漸消失，無疑地會造成死者的靈魂與活著時候的靈魂不一樣，可仍然意識不到自己做過的、思考過的所有事情。然而，就我的親身經驗來說，這種記憶受損的情況似乎認可這個回答。

他們告訴我，1 月 27 日上午，我寫了幾封信；大概是中午 12 點，我出去散步。從前門到路邊這段路並不長。緊挨著大門有三棵很不錯的歐洲赤松，樹上面爬滿了常春藤，不過藤蔓的纏繞嚴重影響了赤松的生長。一兩個月前，離樹根較近的藤的莖葉已經被人仔細地剪去。這時的常春藤就要死

了，葉子變成褐色，開始枯萎。園丁拿來長梯子，靠在第一棵樹上，正在剪掉纏繞在樹幹上的枯萎藤蔓。他們告訴我，我當時站在那裡望著園丁工作。園丁收拾好第一棵樹上的藤蔓後，從梯子上下來，把梯子靠在第二棵樹上，這時我走過去向園丁表示自己想試著幫忙一會兒。我踩著梯子爬了上去，離地面大概有 20 英尺高。園丁並不完全清楚發生了什麼事，但是他認為，當我爬了上去，準備剪掉纏繞在樹枝上的藤蔓時，我的腳踩空了梯蹬，瞬間滑落下來，而在我試圖重新踩上去時，我失去平衡，仰面跌倒在地。他說，我發出了一聲沉悶的喊叫，稍微向上抬了抬身子，把手伸向頭部，接著就失去了知覺。我的腦袋受到了撞擊，我頓時昏了過去，但這還算是傷得最輕的地方。有人跑過來幫忙，和園丁一起把我抬進屋裡；大家找來了醫生，他為我做了診治。我的兩條腿癱瘓了，有人擔心我摔壞了脊髓。醫生則認為我可能活不過當天。在隨後的一個星期裡，我仍然處於時輕時重的昏迷狀態當中，氣息奄奄。但是關於這些事情的一切，我是一點也想不起來了。

6 月 20 日

　　很難回想起我是怎麼甦醒過來的。現在看來，我似乎在昏睡中度過了很長的一段時間，覺得自己處在發燒的朦朧狀態；我的耳邊常常響起很大的轟鳴聲；一張面孔，扭曲的樣子很奇怪，總是會出現在我眼前，然後又消失了。可怕的黑暗，隨著間或出現的、難耐的閃光而不斷變化著，像烏雲籠罩著我；偶爾我會醒來，有些意識，覺得渾身疼痛，難以忍受，或者覺得極其不安；我感覺不到自己，只是覺得疼。有時，自己似乎就像一個潛水者，掙扎著向上游，試圖穿過昏暗的水域，可就是搆不到水面。有一次，我突然像從黑暗的隧道裡穿出來那樣，醒了過來，看到兩個人，樣子都很奇怪，在明亮的燈光下俯身看著手裡的什麼東西。大概是我弄出了聲音，他們都轉過身來看著我。我想動，可是即使是最簡單的動作也讓我感覺倍受折磨，心裡產生極大的恐懼感，隨後我重新陷入到黑暗之中。

　　我能清楚記得的第一件真實的事情是，在我突然醒來時，看到妹妹坐在我床邊，時間大概是傍晚時分。這讓我感到困惑，我默默地躺了好一會兒，目光落在她的臉上；她正在看書，看上去顯得疲憊不堪，臉色蒼白。她突然抬起頭，

說道，「你認得我嗎，親愛的？」我花了挺長時間才鼓足力氣回答她，可是我的聲音聽上去是那麼虛弱無力。「是的，」我說：「我當然認得你；但是我不能確定我是誰。」當我說完這話，出於某種原因，我覺得自己似乎有些不可思議的滑稽；我記得，我為自己機敏的應答而笑了一聲。然後又陷入昏昏欲睡的狀態。妹妹趕緊站起身來，湊到我眼前，可是我卻被某種強烈的欲望所控制，只想一個人待著，不想被人打擾。我很想笑一笑，說點有人情味的話，可是我沒有力氣這麼做 —— 似乎也不值得去做；除了享受獨處的幸福感，似乎沒有什麼值得做的。妹妹在我身邊站了一會兒，後來我意識到她又輕輕地走回來，在我身旁坐下。我聽到她嘆了一口氣，接著就是書被翻動的聲音；這時我又陷入昏睡狀態，好像總也醒不過來。那時候我並沒有感覺有什麼疼痛，但是手腳好像都被人捆住了。

此後，我看到越來越多隱約閃現的生命之光。我開始意識到不時地會有人給我餵飯；被人喚醒讓我感到恐懼，而我吞下食物，只是希望吃完了好讓我一個人待著。有時我會覺得四肢發冷，或者一陣劇烈的疼痛 —— 我猜想我受傷的部位敷了藥，也包紮了；不過，由此帶來的疼痛很輕微，所以我從來不記得什麼時候有過長時間的疼痛發作。

後來的某一天，夜深人靜的時候，我又甦醒過來，狀態

比前幾次好多了。我隱約感覺到了一陣陣的疼痛。我試著想動一動，卻動不了；這時我第一次意識到自己一定是遭遇了大麻煩。我知道自己在哪裡，我意識到有人，一個黑影，坐在昏暗的燈光裡，她是照顧我的護士，但是在我看來也是個陌生人，其實人家看護我已經兩個星期了。接著我感到一種極度的虛弱無力；我的心就像受傷的鳥那樣撲打著翅膀，似乎我已經命懸一線，隨時都會死掉。這時我頭一次意識到自己病了，而且相信自己就要死了。我本可疼痛地呻吟著，但是一種奇怪的想法使我保持沉默。我是那麼確信自己就要死了，所以我覺得，如果讓我的兄弟姐妹知道了我的情況，他們一定會紛紛趕來，站在或者跪在我的身旁，為我祈禱，撫摸著我的手，親吻著我的額頭。一想到這裡，我就覺得難以承受。

　　一個人要死了，房間裡聚集著親屬和朋友，都在望著他，而他卻不能抗議或抵制，這在我看來似乎是一種恣意肆虐，一種難以忍受的折磨；在別人的注視下進行最後的掙扎，這似乎就是對處在絕望之人的侮辱，讓他有失尊嚴。假如隱私觀念要求人在私密的環境裡脫掉衣服，躺下睡覺，睡醒起床再穿好衣服，那麼在我看來，如果靈魂就要永遠地將人的衣裳脫下放在一邊，那麼至少應該讓死者靜靜地、一個人去迎接死亡的降臨，而不是在周圍好奇目光的注視下，悲哀地

6 月 20 日

完成人生最後一幕的表演：難以忍受的想法！在病人最虛弱、頭腦因病而變得神志不清的時候，將他的軀體放在靈柩臺上，也許可以這麼說，其他人則站在周圍、悲哀地注視著他嚥下最後幾口氣，然後不由自主地哭喊起來 —— 這在我看來似乎總是一個恐怖的場面；誰會真心渴望陪伴你跌跌撞撞地走上通往死亡之門的最後幾級臺階？所以我靜靜地躺著，盼望著死神能在我身邊沒有人的時候到來，因為我覺得死期將至，那樣我就謝天謝地啦！奇怪的是，我的心是那麼渴望自己能孤獨地離開人世，所以根本沒有去想死亡意味著什麼。我所能做的一切就是忍受著隱痛，忍受著心臟神奇而又可怕的顫動，這顫動似乎在警告著我，心臟正在衰竭，就要沒有力量繼續完成它的使命了。令我煩惱的不是疼痛，而是我渾身無力的狀態，是我所有生命力失效的感覺，這讓我無語；但是不久，心臟的顫抖似乎停止了，我的心跳開始恢復正常。接著，我可能睡著了，因為當我醒來時，已經是白天了，而且我意識到我仍然在自己的身體裡；但是這並沒有讓我高興，反而讓我覺得有些遺憾，因為我好像起死回生了。雖然我一直感到恐懼，我還是希望自己能在寧靜的時刻，默默地完成自己人生最後的篇章。

6月21日

　　第二天我還有這種感覺，就像一個被無情敵人追趕的人，從大宅子的一個房間退到另一個房間，直到意識到自己已經沒有退路。這是我最後的堡壘，所有的一切似乎都離我而去 —— 歡樂、自豪、希望、對美的追求、心靈的愉悅、愛的本質；什麼都沒有留下，只有生命。如果我想為故事增添色彩，我也許應該說剩下的還有愛，但實際上真的沒有；這不是說愛情不見了，或者遭到了毀壞；只是因為我沒有時間或力量去想任何別的事情，無論是這個世界的還是這個世界之外的，想到的只是殘餘的生命本身。我就像是個攀岩者，死命地抓住岩壁上的縫隙，知道一旦掉下去意味著什麼，本能地用盡一切力氣不鬆手。不是因為我渴望活著，懼怕死亡；我什麼也不渴望，什麼也不懼怕。我只是在觀察自己的生命，就像一個人驚奇地、全神貫注地觀察可能會熄滅的火焰。

　　記得有一次在瑞士，我爬到峭壁間一塊長滿草的地方，在一塊岩石上坐下來休息，不一會兒我竟然睡著了。等我醒來時，看見離我幾英尺之外，有一隻土撥鼠從洞裡鑽出來，用兩個爪子捧著什麼東西在吃。我記得，當時我屏住呼吸，

6月21日

全神貫注地盯著這隻可愛的小動物，生怕驚動了牠，讓牠發現有人。就這樣，我望著那隻小動物，並不覺得牠隨時都有可能飛快地跑開，不見蹤影。我覺得自己太可笑了，自己是那麼渺小和微不足道；我沒有期待活下去，只是在等候，看看自己是不是要死了；我沒有活過的記憶，不再思索未來。他們也以為我就要過世，那天下午妹夫法蘭克端聖餐給我。令我驚異的是，我怎麼會對聖餐是那樣無動於衷且冷漠。我看著妹夫的動作，聽他在說著什麼，似乎是讓我接受麵包和酒；但那時我主要想的是，這個儀式打擾了我對脆弱生命的觀察，這似乎才是現在我唯一要做的事。而那天餘下的時光就像是一場夢。

6 月 25 日

在隨後的日子裡，我無力地掙扎著，想恢復生機；我依然以為自己可能會死，但我不再時時期待著死亡的來臨。回到我身邊的第一個情感就是喜愛之情；這種感覺的主要表現形式就是憐憫之情，他們顯然過於憂慮我的傷病，而在我看來，這似乎並不是多麼重要的事。他們對我無微不至的照料，我當然應該表示感激，單單看在我為他們添了那麼多麻煩的份上，我也應該表示歉疚。我不止一次地試圖用言語表達出來；甚至想解釋說，如果一個人已經清空構成生命的所有要素，似乎就不值得人們把那麼多的感情傾注在這個人身上。在我失去知覺，卻沒有死的時候，我仍然有著同樣的懊悔感覺；我似乎是那麼疲憊不堪，甚至不希望意識到自己就要死了；即使是死而復生的感覺，也讓我覺得自己就像個奮力攀爬陡峭岩壁的可憐蟲，生怕被高漲的潮水捲入海底，潮水打溼了我的雙腳，我竭盡全力又往上爬了幾英寸，可是一浪高過一浪的潮水還是向我撲來。我竭盡全力抵抗，或者去堅持似乎是不值得的事情，直到有一天早晨，我突然開始意識到潮水已經退去，我有了活下去的意志和渴望；有時候我還會陷入昏迷，但是在我醒過來之後，那種渾身無力的感覺

奇怪地消失了，而我也不再懷疑自己希望活下去。從那之後，我身體的狀態似乎恢復得越來越好，進步越來越快；內心裡原有的興趣又回來了；我開始急切地想知道世界上發生了什麼事；我希望有人為我讀報，儘管經常有人這樣做，但我似乎還是不能集中注意力傾聽讀的內容；然而，哪怕是隻言片語也對我有所幫助，那聽上去就像是悅耳的音樂，喚起我一連串漫長而又模糊的意識。

接下來，在很長一段時間裡，我多數情況下是一個人躺在房間裡，睡不著覺。望著昏暗的燈光，聽著鐘錶滴答響著，我開始回憶起往事，許多情景逼真地在眼前重現，真的令人難以置信，有時候一些早已作古的人也出現在我面前，向我微笑，對我說著什麼。

我又變回老教區長住所裡的一個孩子，我就是在這裡出生，在這裡長大的；我可以在宅邸的一個又一個房間裡徘徊，看看牆上的畫，架子上的書，房間裡的陳設和家具；我發覺自己在大閣樓裡玩耍；老房子的味道、新出爐的烤麵包的麥香、擺放在儲藏室木板上的蘋果的清香，一起向我襲來。我可以漫步在花園綠草茵茵的小徑上，置身於長滿嫩綠葉子的落葉松人工林裡，聞著那撲鼻而來的芳香氣味；我能看見花壇裡盛開的鮮花，聽到突然飛過來的雙翼昆蟲發出的嗡嗡聲，還有那古樸的牆磚和小路上鋪著的石子。我不知道這些

東西是如何在我的頭腦裡留下了如此不可磨滅的印象。

　　接著，我看到自己又變成學校裡的小學生；我在高大的宿舍樓裡閒逛，望著那裡巨大的壁爐，一個個滿是灰塵的隔間；我坐在古老的教室裡，在昏暗的光線下看著沾染了墨汁的課桌，那上面刻著上百個學生的名字；上晚課的時候，我來到燈火通明的小教堂，那裡面坐著一排排小學生；我能聽到管風琴奏響的樂曲，輕柔而又打動人心，還有學生的合唱聲。有多少已被遺忘的場景又重新展現在我的面前！我再一次生活在其中，有的生活經歷足以讓我感到輕鬆愉快，無比幸福，有的則讓我感到可悲。我再一次體會到成功的喜悅和失敗的痛苦。我譴責自己做過的糊塗事，對一些事的冷漠態度，還有不近人情的處世方式。我為自己荒廢的美好時光、自己的任性和冷漠感到懊悔。現在看起來，似乎做一個堅強的、勇敢的和奮發的人是多麼容易的事啊！

　　有時候，我又重新回到自己的大學生活；那裡有更令人感到幸福的事，因為大學校園裡有更多的自由。我愉快地記得那歡樂的自由生活，歡快的交談，激烈的戶外活動，開心的篝火晚會，那時候我們都很年輕，非常活潑地聚在一起；但是記憶奇特而又固執地轉向了我更早的歲月，以苦中有甜、甜中有苦的感覺不停更新，這一切在那時候似乎是那麼平常、那麼顯而易見，我的身邊到處都充滿愛。我可以看到

父親走進幼稚園，身體健壯、神采奕奕的他帶我出去散步；我可以看到媽媽帶著我在林陰小道上教我學習走路，參加一些簡單的節日活動；我可以看到莊園府第的大草坪上，高大的梧桐樹下擺放著茶桌，善良的人們歡聚一堂，三五成群地交談著簡單生活的樂趣和愛情生活，孩子們則興奮地在四處快樂玩耍。

我又回想起假期在海邊或山林裡度過的漫長而又愉快的日子。大海 —— 我能聞到那溼潤的鹹水味道，聽見海水沖向沙灘的聲響，看到海邊岩石間溢滿的潮水潭；從早到晚，人們常常漫步在沙灘上，或在失事船隻的殘骸裡尋找寶貝，抓一些，唉，漂亮的小蝦小蟹，回來放進玻璃缸。

在這只能沉默的時刻，讓我感到悲傷的還有我能想到的童年的那些事。那時年幼無知，我常常不經意間做了一些讓脆弱小動物們 —— 小蟲子、小螃蟹、蝴蝶等等 —— 感覺痛苦的惡作劇，雖然不是存心的，卻把小動物當做讓自己開心的玩具，去捕捉、玩弄、傷殘、殺害牠們，這僅僅是因為我們的童年時代缺乏富有想像力的同情。我不知道該用別的什麼辦法來教育孩子們。在老一點的比較嚴肅的兒童故事書裡，爸爸掐著湯米的脖子，責備他傷害了甲蟲。湯米一點也不懂得這麼做就是傷害了甲蟲，反而認為爸爸對自己太粗暴了。兒童「以我為中心」的理念讓他們只關心自己，因此

無法順暢地讓自己與外界之間建立關係；成年人可以透過懲罰式的恐嚇或裝出生氣的樣子讓他們服從，但孩子們還沒有理解公正公平的觀念；當孩子覺得某件事情掌控在自己的手中時，他不明白為什麼不能按照自己的意願行事。在這些時刻，我想到的是世界上所有的痛苦似乎都是那麼不必要地、那麼粗暴、那麼偶然、那麼不均衡、那麼放縱地分布著，這讓我產生了一種徒勞而又無奈的悲傷。要麼是如此，要麼是別的，疼痛並不是我們認為的不幸。只要我們那時候感覺到自己在獲取什麼東西，我們付出的代價就是沉重的，但是仍然值得付出！不過，那個時候的疼痛當中沒有希望的種子；疼痛看上去只會使人難以自持、懦弱、精神受損；毀掉我們的幸福，也許除了在疼痛消失的時候可以讓我們有一種昇華的歡樂感覺以外，我們得不到任何回報。不僅如此，疼痛還會讓我們產生不可名狀的恐懼，令人感到絕望，一下子對充滿神祕和恐怖的世界畏懼起來。

在那些黑暗的日子裡，我本人遭受的疼痛並不多；有時候我能隱約感覺到疼痛，有時候是極大的不安，有時候則是焦躁、不耐煩；但是我很少經受那種難以忍受的劇烈疼痛，因為我可以反思最近發生的一些怪事，而且我開始反思的東西越來越多。假如我經受過太多的疼痛，我就會不知所措、思維混亂，那樣的話我就只會籠罩在驚恐和痛苦的迷霧當中

而困惑無比；可是現在，隨著體力逐漸恢復，生命意識緩慢提升，我能夠穩定地直視這段經歷。我根本不知道我能連貫地進行思考，說出自己的看法；但隨著我逐漸意識到我的確曾站在死亡之門的邊緣，我打算盡力把自己曾有過的一些體會記下來。我將盡可能清楚地回顧自己的遭遇；但是首先我要說明的也許是整個事情當中最重要的一點：對臨終的人來說，死亡並不那麼恐怖。當死期將至，死亡似乎是世界上最簡單、最自然的事。啊，我像以往一樣害怕受罪，但是並不怕死。或者在身體健康的時候，深沉思考死亡似乎是無法忍受的、丟臉的事；人們想像著自己不情願地被拽入死亡那敞開的大門裡，發出抗議，可還是被強行推了進去，就像《天路歷程》[1]把主人公「基督徒」強行送入山門；但是沒有什麼不情願、恐怖、不公平的感覺，這個過程不過就像是睡著了 —— 不會怨恨意識的暫停，相反卻會滿意地把死亡當做自然的事情欣然接受；其實，就算是死亡本身也是這樣。

1　《天路歷程》，英國作家約翰・班揚（John Bunyan, 1628-1688）作品，它是最著名的基督教寓言文學出版品。

6 月 28 日

　　重新考慮一下這些日子的奇特經歷，讓我感覺最強烈的、仍然留在我記憶當中的顧慮就是發現自己的精神變得空虛。我的靈魂像是一團就要熄滅的火；燃料上的火苗漸漸散去，僅留下一堆燃燒殆盡的灰燼；思想和情感同樣是麻木的，我甚至沒有足夠的力量懼怕什麼。我只是意識到生命，卻幾乎意識不到自己的身分。但是對我來說，由於緩慢地恢復了正常的生活，我心中對這個過程仍然有某種強烈的興趣。打個比方說，這個過程向我展示了我本性的不同層次，不同的身體機能和情感所屬的等級；透過這種心理探索我懂得了哪些層次更深一些，哪些是膚淺的、表面上的感覺。

　　我總是認為，驅使人們行動的原因，也就是動機有兩種，就是符合社會習俗的動機和內在的動機。我們一直在機械性地做著許多事情，因為我們已經習慣於這麼做，因為其他人也在這麼做；並不是因為我們非常強烈地偏愛這些事情，或贊成這樣的事情，而是因為這樣一來可以省去許多麻煩，比如作出決定和說明意圖。在這些表面動機的下面深藏著行動的內在動機 —— 我們本性真正至關重要的本能衝動。一個人偉大抑或卑微，那要取決於其行動源自內在動機還是表面

動機。傳統而平凡的人常常是依據表面動機、為自己的整個生活而忙碌；具有力量和堅定意志的人們則會按照深層的、更本能的動機行事。在日常生活中，最令人吃驚的意外情況，就是某些人內在的本性突然浮上表面，顯現出本身的樣子。我說個我本人接觸過的實例。

　　我認識的一位牧師，是很普通的一個人，就是有些敏感，突然從他的教區內失蹤了，撇下了妻子和孩子。過了些日子，他寫給主教一封信，信中辭去牧師的職務；此後事情的真相一點一點地顯露出來：他因一時衝動，受到不可抗拒的熱情誘惑，與教區內一個有夫之婦私奔了。他將牧師的行為準則拋到九霄雲外，不管不顧；他是個可憐的人；他本來已經過著受人尊敬的生活，可是熱情的巨大魔力就這樣將他擊潰。他只是沒有能力去抵抗；他沒有想過自己的妻子和孩子，沒有想過自己的地位，沒有想過自己行為可能造成的醜聞；他甚至沒有認真地考慮過該如何去生活。事後應他的要求，我有一天去看望他。他正過著十分貧窮的生活，懺悔而又自責地向我講了他的事。「我知道自己幹了什麼，」他痛苦地說道；「我知道我把自己毀了，也深深傷害了我的親人和朋友；可是，如果我說我沒有辦法，非得如此，那麼請你一定相信我。」他接著說：「在思考我為什麼會產生這麼可怕的衝動時，我覺得那是因為我失去了自我。我仔細、全面地回顧

了自己的生活，想看看到底是什麼讓我受到這樣的懲罰，但老實說，我根本理解不了。說什麼我早該料到會有各式各樣的結果，那是沒有用的。我沒有想到任何事情。我祈禱過，我飽受痛苦的煎熬；但是我覺得自己像是個被捲入激流的人，絕望卻沒有力量，抵抗是沒有用的。你聽我說，羔羊被鷹叼住了，羔羊能抵擋得了嗎？我和羔羊一樣軟弱無力。如果在我掙扎的時候上帝站在我身邊，我只能說世界上還有一種力量比上帝更強大。最令我苦惱的誘惑就是去祈禱，不是祈禱上帝寬恕我，而是請求另一種可怕的力量幫助我承受壓力，彌補我的過失。」

這個事例當中的那個牧師，他順從了自己性情的內在力量，讓自己的行為結下了災難性的苦果。就我自己的情況而言，可以說我不得不從頭開始生活，而這一實際情況以一種奇特而又明確的方式，向我展示了生命內在力量的真實意義。

記得有一次，一些工程人員在我居住的地區施工。那個地方是一處河谷，谷底裡有一片沖積沙礫形成的平地，他們要在這裡沉下一個巨大的鐵箱子。為了放置這個鐵箱，他們挖了一個大坑，但是當他們挖到一定深度時，地下水冒了出來。想堵住地下水似乎是徒勞的，於是他們弄來兩臺大馬力抽水機，試圖將河床上的水抽乾。大概進行了一個星期，日

夜不停地抽，大量純淨的泉水排了出去；可結果呢，成千上萬加侖的水白白浪費掉了，水面卻只降低了一兩英尺；接著人們發現，附近一些地方的水井出現了變化，水面降低。沙礫河床的面積在不斷增大，到處都是水。工程人員沒有抽乾大坑裡的水，反而卻讓整個地區的水逐漸流失。

這正是發生在我身上的情況。怎麼說呢？我一生的主要精力都用在讀書寫作上，結果造成分布在我生活各個方面的力量泉源逐漸乾枯，比如我做事的動機很少符合社會習俗。我開始體會什麼是生活真正的深流，真的能支撐我的思想觀念和天性本能的到底是什麼。隨著生命之泉開始緩慢地注水，深層的、真實的、有活力的思想首先恢復原狀。我最先想到的是情感，然後是知性生活，接著回歸的是社會的和傳統的思維方式，那就是對金錢、社會地位、人生抱負和個人影響力的考慮，我想這些東西在精神方面對我的影響也是很大的，儘管我現在發覺自己並不十分關注這些。

我將努力詳細地追蹤這個過程：對這個問題持完全坦白的態度是必要的。這個問題應該這麼理解。隨著我又恢復了思考，就像盤旋的鳥兒飛向鴿舍，讓我吃驚的是，我這麼說也許挺丟臉的，我懂得了哪些想法是最忠誠的、最可靠的，哪些想法展現了我內心深處的性格和性情。

6 月 29 日

當我回顧自己面臨死亡的經歷，自問在那黑暗的時刻我所珍愛的難忘往事是什麼時，我幾乎沒有猶豫就回答了。

我根本不會把自己獲得的成功放在心上；不會在乎我取得的地位；更不介意自己曾不間斷做過的一些慈善工作——所有這些事情似乎都是不真實的、非實質性的。我甚至不願意去想自己已經斷斷續續地努力侍奉我的神，認識我的神，跟隨我的神。在那個時刻透露給我的是，我不可能還有什麼別的方式來這麼做，我所有的生活，無論是成功還是失敗，不過是對至高無上的意志和思想的一種微小的表達。我真正在乎的是自己曾有過的愉快想法、我曾做過的一些善舉，我所贏得的愛。我很高興有時候自己能克服天生易怒的秉性，和自私帶來的焦慮，還有對有些事說過寬容的、動人的話。誠實和審慎，這些似乎沒有問題；讓我覺得有壓力的是，我覺得自己在情感方面的行為還有待改善，以往做得不夠，還應該更無私一些、更體貼一些。

有一些小事，我早已忘記了的或者已經得到親人原諒的，我覺得還沒有讓我產生悲傷的悸動。例如，我記得在不久前的一天上午，妹妹拿來幾份報紙，希望聽聽我的意見。

我正被自己的工作搞得焦頭爛額，聽到她的呼喚，我便說我沒有時間管這樣的事。妹妹把報紙收好，微笑著說換個時間也行；而我繼續埋頭工作。還有許多諸如此類的事情，現在都讓我回想起來了。也許有人會認為，這些算不上什麼重要的事。我不知道；我只能說這樣的事對現在的我而言，是應該特別注意的大事。

我滿心渴望的是有人愛我，記住我，為我感到惋惜，希望在我去世後，至少能在一些人的心裡留下甜蜜溫馨的記憶；而我真的追悔莫及的是，我過於專心致志於自己的工作和事情，所以很少抽出時間做些讓他人的生活更甜美、更幸福的事。如果我能死裡逃生，我覺得自己應該變成一個不同的人。可是，我活過來了，我卻沒有 —— 哎呀 —— 像期望的那樣，變成一個不同的我。

7月2日、3日和4日

　　我一直以來都是個虔誠的基督徒；我是按照簡樸而又正統的生活方式長大成人的，自小就理所當然地把基督教教義視為絕對真理，不容置疑；我接受的基督教信條遠遠多於我接受的自然法則。比如說，小的時候，老師為我們講解自然科學和數學，我逐漸認識到，事物的創造體系裡存在著極其神祕、複雜的定律，例如電學、光學、熱力學定律等等；隨著我學的知識多了起來，我開始懂得，儘管在一些小事情上，我有限的經歷能證實一些定律，但是還有很多定律，我並不了解其運轉機制，而且很有可能還存在著許多我不知道的定律。基督教教義的說法，例如三位一體學說，聖父、聖子和聖靈本體為一，對我來說好像就是這樣一種定律，雖然我的親身體驗怎麼也證明不了，但我並不懷疑這一權威性斷言的真實性。

　　在大學期間，我曾花了好長一段時間思索宗教，其結果讓我認識到，基督教教義的許多內容，很有可能只是一些人根據基督本人和神祕的聖經作者所給予的線索和暗示加以推導，人為編造出來的東西，並用哲學和玄學的措辭來陳述基督教真理。我開始明白，這些教義從科學的角度是無法驗證

的，在我看來似乎是人們希望教義具有確定和準確的結果；也就是說，以科學的方式探討教義只能是一種企圖，也許這麼做原本就不打算有什麼準確性。但是我的思索也就到此為止。神學家的工作就是依據聖經的說法推導原理和真理，但是他們這麼做更多的是出於心理方面的動機，而不是哲學方面的，所以我對自己能意識到聖經並不是刻意地用詞語直接陳述，就已經很滿足了。如此一來，我趨向於不理會基督教教條的一面，將自己更多地限定在對基督教精神和神祕的理解上。

在信仰上帝方面，我從來沒有碰過任何困難。我的經歷確實能在每一點上，都證實神學家們的論述。從我自己的身分來說，這個世界上再沒有什麼事實能比這個更讓我確信無疑：在我自身之外存在主恩浩蕩的意旨，世界萬物都是按照這個意旨創造出來的，並遵循意旨所設定的規律進行運轉。當然了，即使那個時候，也是有相當多的東西是神祕的。如果像神學家們所講的，上帝是那麼完全的、一心一意地站在善良的、純潔的和幸福的人的一邊，那麼邪惡和受難是從哪裡來的，又是如何被設計出來，侵入我們的心靈的呢？這似乎是個很難回答的問題；如果沒有起源，至少它們是得到了允許而存在。在我看來，邪惡似乎早在人類實施任何選擇之前就已經存在了；我不明白人類如何會選擇邪惡而不是善良，除非邪惡早已經在那裡。

那麼同樣，作為無可爭議的原則，對進化論的理解向我顯示，人類很有可能不是從純真狀態墮落下來的，而是掙扎著、從較低的、像野獸一樣粗野的狀態往上爬的，就其最惡劣的形式而言，例如欲望和殘忍，早在人類出現在地球上以前，邪惡就已經在動物世界存在了數萬年。我願意相信，人類發展到一定程度，足以意識到判斷力和選擇權的重要性時，邪惡就會馬上顯現；但是即使是這樣，從傳統上講，這個世界存在著如此巨大的痛苦和磨難，仍然是無法解釋的。野獸往往相互殘殺，弱肉強食，還有病魔的摧殘，這樣的現象早在史前時代就已經有了。極端困難的是去想像全能的、仁慈的上帝，是祂創造了如此龐大的眾生群體，讓眾生出於本能地保存性命，追求幸福，然後卻在祂的設計當中允許出現了那麼多的可能性，其中就夾雜著痛苦和死亡。

　　儘管如此，當我想起基督教已被確立為國教時，我就覺得自己立於不敗之地。我意識到，即使刨去可能存在的誤差和記載中的誇大之詞，基督這一身分所體現出來的形象仍具有強烈的人性色彩，卻還能洞察內在世界和精神實質，這似乎就完全超出了人類的範疇。

　　福音書裡的奇蹟成分讓我有點困惑，儘管我倒寧願沒有這樣的東西，因為在我看來，如果不加質疑地接受這些奇蹟成分，你似乎就會處在這樣一個位置，即相信上帝在某個時

刻,以隨意的方式允許自己撤銷自己設定的普遍法則;這樣,儘管我不能否認耶穌基督生活裡出現奇蹟的可能性,然而我更傾向於希望事實是這樣的:在普遍相信奇蹟發生的時代,人們對奇蹟增添了過多的超自然色彩,而實際上許多奇蹟的發生並不一定都是超自然現象的顯現。

就奇蹟這些事例而言,令人覺得不滿意的部分總是沒有哪個實例能夠得到無可辯駁的證據的證明;而且,如果這是上帝安排的一部分,體現在基督身上,用神蹟證明基督教啟示的真理,完成某個或一系列的神奇事蹟,那就容易多了,毫無疑問,這些奇蹟的出現就會像歷史事件,凡是理性的人從此以後都不會再懷疑。但是福音書裡的奇蹟就不是這種情況。記載出自一些頭腦非常簡單的人之手,他們並不打算在奇蹟發生的可能性上,找出任何有可能存在的異議;此外,也根本沒有對他們有利的、集中於一點的歷史見證。從歷史的觀點看,這些記載必須,且真的得必須歸入傳說一類的說法,因為其證據既不完整,也沒有說服力。

但是基督的性格超越世界萬物,就像群山叢中的一座頂峰,報告人對基督的個性、神蹟和語錄的紀錄,根本不可能是構想或虛構出來的。以我之見,當我竭盡全力、完全以一種不偏不袒的精神接近上帝時,上帝的教誨就不是屬於世界的,而是超越世界的。

其次，我對上帝之靈的信仰似乎得到了我自身體驗的證實；毫無疑問，在世界各地廣泛流傳著神的影響力，它隱祕而又穩定地在人們心中發揮著作用，使他們從所有卑鄙的、邪惡的和可憎的事物中解脫出來，吩咐他們堅守任何純潔的和高尚的事物，在他們犯下錯誤時，追究他們的罪責。

所以，從精神方面來理解基督教真理，在我看來似乎是一個明智的、至關重要的過程。我承認，我會盡可能地將教會的傳統和組織引入個人信仰的範圍。要我說，每個人都必須帶著自己的觀點去接近福音的核心真理；我也漸漸發現，教會法規和神學教條將許多理論強加給人們去接受，而這些理論表達的卻是苛刻的、精確的、非宗教的思想；我開始明白，教會主義是思想自由所面對的最危險的敵人之一，因為我所領悟的思想自由是基督的理想。這樣，喀爾文主義救贖預定論的整個理論，即人類不能透過正義的行為獲得救贖，結果只是成為了一項難以置信的學說；出現在我面前的基督苦難所說明的真理是，為了共同人性的利益，基督自己甘願忍受凡人本性所受到的最凶猛、最可怕的苦難和羞辱的攻擊，這樣一來，所有的人也許都能感覺到，無論他們腳下踩著的路有多麼黑暗，他們面前有基督血染的足跡所標記的路；然而，基督一刻也沒有失去他完美的勇氣和他無所不包的愛。

　　現在我明白，儘管我努力嘗試過讓自己的宗教生活更單純、更有活力，然而，本能的傳統和傳承下來的信仰所構成的整個社會就在我的面前，我還沒有那麼純樸。我接受過的教育、我的性情、我的信仰，都影響到了我，以為宗教仍然是複雜的、難以理解的事；以為有些問題我必須努力去解決，有些困難我必須嘗試著去處理。我常常努力向救世主祈禱，提醒自己記住救世主的仁慈，懇求與祂共同受苦。我曾經強迫自己相信，邪惡和苦難不是上帝設計的一部分；它們源自上帝給我們具有自由意志人們的禮物；正是向基督，而不是向萬眾之父，我必須憑藉祂的純潔的人性求救於上帝。

　　現在，當我擺脫了那種可怕的狀態，似乎像水手在貪婪的海上遇到海難那樣，所做的一切僅僅是為了求生；那個時候我非常緊張，全神貫注於如何求生，似乎根本沒有時間或機會來考慮任何其他想法，可是當危機過去，馬上就有兩種情感回歸到我身上：第一 —— 這個稍後我還要講 —— 就是強烈地意識到自己對最親愛的人的柔情，一種感激之情在我痛苦之時被喚起；於是，更廣泛的愛就表現了出來，那就是對美麗世界的愛，對人類的愛，非常耐心地朝著未知的目標前進；然後接下來，對上帝、與上帝慈父親密接觸的強烈感受又回到我的身上，淹沒了我所有的其他想法，從其表面上看，我原有的宗教信仰和主張，就像失事船隻的殘骸那樣漂

浮在浩瀚的大海上。與所有的被造之物在一起，我似乎躺在上帝寬闊無比的手心裡。即使我朦朦朧朧地想知道，我們為什麼要如此悲哀地遭受折磨，我們為什麼不得不忍受苦難和死亡，我也不能去懷疑寬大深情的上帝之愛：雖然上帝事務繁忙，掌管著宇宙日月星辰，卻還抽出時間養育了成千上萬的生物種群，其形式和方式對我來說還是未知的，祂得空以完美的理解和愛俯視著我這個脆弱的、受難的孩子。我得到了保護，我是安全的；在我身上發生的最糟糕的情況，無論我對此多麼懼怕，感到多麼苦惱，那也是上帝無限寬廣的意志的一部分；在這些日子裡，什麼也不能阻礙我與上帝的連繫；人類的歷史、神聖的啟示、宇宙運行繁雜的規律，像一片薄霧慢慢移過去，在我的心裡留下了一個具有感知力的點。

我覺得，以後再也沒有什麼能夠在我和那個可怕的存在之間掃來掃去，沒有人類理念，無論多麼威嚴；沒有法律，無論多麼古老。我既不恐懼，也不後悔。至於我生活當中數不清的失敗和罪惡、我虛弱的欲望、羞怯的希望、低劣的激情，所有這一切都裝在上帝的心裡；我不需要因這些東西而憂慮、懺悔或者後悔；這些是上帝關心的事，不再是我關心的事。

我知道，如果我恢復了健康，能繼續生活下去，相同的網還會重新織起來：我可能會以焦急的心情做出決定，我可

能還會受到憂慮和恐懼的困擾，我可能經常覺得厭倦，也可能經常覺得愉快；但我希望，我能以一種不同的精神去享受生活，信任的、滿懷希望的、充滿愛的。我覺得，我知道什麼，我相信什麼，我掌握著什麼樣的抽象命題，我會有什麼樣的地位，會有什麼樣的影響力，對上帝來說都不重要；最為重要的是，我應當滿懷信心，時時刻刻求助於上帝。我覺得自己負擔的這具軀體狀況糟糕，有著貪圖安逸享樂的欲望，其實只不過是包裹著天賦精神的一件衣裳；假如在腐爛之時我把它拋在一邊，我就會離上帝之心更近一些。如果我沒有死，恢復了健康，這個軀體就又會喧鬧起來，常常生病或者不舒服；無疑，這似乎會使我再一次分心，在我和太陽之間橫插一腳，影響我對上帝的崇拜。但即使這樣，這也是上帝意志的一部分，一旦我滿足於接觸與上帝有關係的任何事物，甚至使我能夠承受一切。我認為，凡是有助於我想起上帝的神聖影響和神的規定，我都要尊敬；但是我要在未來檢驗這些規定，不是根據其傳統價值，而是要看看這些規定能否讓我更親密地接近天父；我崇拜的是基督教精神和基督教真理，而不取決於人們搞的那些宗教儀式。

我不敢說，自從我又活過來，恢復了健康，我沒有喪失驚人的直覺這種本能。啊！無論別人對你有什麼期望，你的欲望都不能讓你愛著的人感到失望或者受到傷害，他們是那

樣珍惜地保留著傳統，所以有時候需要你保持沉默，儘管這樣的動機有些悲哀。不過，正是本著這種精神，我想到了一些別人視為神聖的事物，即使這些東西對我來說暫時還不那麼神聖；對這樣的事物表現出謙恭的態度，實際上是需要奉獻愛心的；順從愛的原則要更真實、純潔一些，甚至超過了真理本身。

但是從那天起，我可以為自己這麼說，真理和愛情是那樣緊密地纏繞在一起，所以我看不出它們之間有什麼區別；在處理這些事情時，我堅持更廣泛的慈愛和簡樸原則，而不是滿足於對邏輯定義上的喜好。上帝與靈魂！這些畢竟都是真實的。

7月7日和8日

正是在這個期間，我遭受了第二次打擊。我掙扎著返回自己破碎的生活；他們警告我要小心一些，不要依情緒做事；這個春天，某個溫暖的日子裡，我沒有注意，吹了涼風，結果患感冒。由於我的身體太弱，感冒引發了肺炎；如果我的身體強壯一點，本不會有如此嚴重的後果。雖然發燒，但體溫並不高，而且很快就退燒了。那幾天我過的挺慘，日夜不得安寧，還總會覺得周身疼痛，但卻沒注意到疾病正在進一步發作。

一天早晨，我坐在床上，正盤算著找什麼藉口看看書，就在這時，我突然覺得一陣要命的眩暈。護士當時就在我身邊，她趕忙喊來醫生。我的意識完全清醒，完全意識到自己處在生命危險當中。我看得出，我的樣子嚇壞了身邊的那些人；我顯然是出現了心力衰竭的症狀。我能感覺到的只有呼吸困難，不時地感覺到自己像死了一樣的衰弱。我料想自己是靠吸氧和注射了什麼藥水才活了下去；他們讓我完全平躺在床上，警告我手腳都不要動。這一次，以我自己的感覺來看，無論怎麼想，我也是毫不懷疑自己就要死了；但是，還是這一次，我的頭腦是清醒的。讓我再一次感謝地說一句，

我沒有感到害怕；我腦子裡持續思考的問題不屬於這個範圍。我沒有推測我將面臨的是什麼，而是以奇怪的方式、切合實際地審視自己死亡的實質性後果。我想到了自己工作的暫停，想到了自己財產的分配。至於財產，儘管不怎麼多，我本來是想對此表達自己的一些意願，可是由於體力不足使我沒有做到。事實上，我想到了自己，就像想到了其他任何別的人，但是沒有柔情和自憐。沒有遺憾，後悔的感覺。我既不希望在其他方面還發生什麼情況，也不期盼生命繼續下去，儘管我當然渴望活著，所以急切地想做點什麼來配合醫生和護士的治療；不過這裡還得站在一個旁觀者的角度，似乎我是在幫助躺在病床上的另一個我。有時候我睡著，有時候我醒著，不過總是有所恢復，完全能意識到自己的狀態。非常緩慢地，我開始意識到自己又活了回來，但是仍然沒有任何快樂的感覺，也沒有想感謝誰的心情，反而卻對自己的症狀產生了某種超然的、病態的興趣。

直到第三天，我睡了好長時間之後，我才開始意識到自己又一次站在了死亡之門的邊緣，我轉了一圈又回來了。接著，我逐漸意識到自己對生命的強烈渴望。任何苦難的特性，無論多麼嚴重，都會受到這樣一個念頭的影響，那就是你仍然能夠睜開自己的眼睛看著這個世界，同樣我也會有這個念頭，而且同樣是那麼強烈。一個患者，如果要接受一次

危險的手術，並意識到了可能的風險，仍然希望自己術後能夠感覺自己熟悉的場景，但是卻要面對迫在眉睫的死亡前景，那麼這個患者面對的就是最終事實，即所有熟悉的想法和行動到了盡頭；人對根本沒有希望重新熟悉的事情，也不可能再有什麼興趣。名家著作、房間、所熟悉並喜愛的景色、親愛的面孔，你已經與所有這一切斷絕了關係；作為替代，你不得不面對將要發生的事情，也許是毀滅，也許是睡上一覺，也許是以新的存在形式，生活在完全想像不到的環境裡。真正讓人覺得心神不寧的、以一種我從未料到的力量向我襲來的，是可怕的孤獨感。在這個世界，無論一個人有多麼孤獨，總是可以求助於熟悉的書和思想；他可以轉向大自然尋求幫助；他可以召喚另一個人來幫助自己；但是，在這些日子裡我所想到的，能在多大程度上減輕孤獨感呢？一個人表達出來的想法是那麼渺小，除了適用於熟悉的環境，在我們居住的世界裡並沒有什麼作用。從早到晚，人們習慣於生活在自己熟悉的環境裡，做著慣常的事情，整天忙碌；即使到了夜裡，人們還會在夢裡繼續浪費著自己的精力，重新安排記憶，以迎合自己奇妙的品味。我覺得，人們的精神生活是多麼的匱乏和微弱；人們的思緒又是多麼的夢幻和模糊；整體上都是那麼充滿著幻象，難有結果。我很想知道，我們有可能更大程度地生活在聖靈當中嗎？這是明智的嗎？

在我看來似乎是不可能的，也是不足取的；假如聖靈的範圍是確切的，充滿著毋庸置疑的事實和明確的定律；假如一個人透過投機來更近地獲得自己對上帝和靈魂的概念；假如人類一代又一代成功地在精神生活方面有所發現（沒有人否認精神生活的存在），那麼情況就會有所不同；但是，每一種神祕的靈性踩著的都是一條偏僻的小路；一個人的發現，如果其可靠性得不到證明，那就往往與另一個人所做出的發現不相一致，同樣不能證明其可靠性。在這些神祕的幻想裡，我們僅僅是在黑暗中靠想像力建造我們自己的房子。古時候的先知們把天上的城看作居於峭壁之上的一座方形堡壘，地基是由寶石建築的，城門閃現著珍珠色彩；但是，我們無法確信，他們想像出來的如此美麗的地方，真的存在嗎？想一想吧，這不過是做夢的腦袋在其幻想的虛無縹緲的地方增添的色彩罷了，這難道還不清楚嗎？

其實，隨著我逐步遠離死亡那扇黑暗大門，爬回到生活當中，我開始意識到的是死亡所有可怕的奧祕。我開始意識到，我們終究是盡力地生活在這個世界，生活在熟悉的場景裡，生活在熟悉的人群裡。前面有一道光我們也許可以跟隨；確實是一道微弱的光，但是那道光似乎能引導我們走向真理、純潔和仁慈，而不是虛假、骯髒和自私。可是這道光是多麼微弱，我們努力接近這道光，卻又因性情的局限而遭受

阻礙,這並非完全是自我強加的!

　　雖然死亡的奧祕令人惶惑、令人敬畏,但它就在那裡;隨著思想的衰退、意識的逐漸消失,我們就要邁步進入無形的黑暗當中。我瀕臨死亡的經歷實際上並沒有向我揭示死亡是什麼;相反,卻讓我懂得,我們必須盡最大努力做好我們可以做好的事情;這就需要我們以莊重的態度,去嚴厲指責所有的抱怨和所有的焦慮。我的經歷告訴我,我處在一種強大力量的掌控之下,其力量遠遠大於我自身的力量;但是我沒有在自己的經歷裡獲得任何暗示,關於死後的存在會是什麼,我的信心得不到激勵,我的心情得不到安慰。

7 月 10 日

　　我曾度過一個非常奇特的夜晚；並不完全是恐怖，但是卻有一種令人敬畏的氣氛。我似乎在一片黑暗的樹林裡迷了路，腳下的小徑若隱若現。那裡好像沒有灌木，因為我能看到兩邊樹林裡一排排光滑的樹幹，微微閃光；向上望去，在茂密的樹葉遮掩下是一片漆黑；時而一陣清風吹來，樹葉發出嘩嘩的聲響。過了一會兒，又吹來一陣風；但是下面，就是我站的地方，卻毫無聲息。有時在林子的盡頭會出現一片空地，我能從左右兩側看到遠處地平線上模糊的景色，就像朦朧的月亮發著亮光。天空似乎沒有雲彩，是深藍色或墨綠色的；但總是在夜晚，越過樹梢我不時能看見黑暗的天空有一顆暗淡的星星。有時我能看到閃閃發光的水面，也許是池塘或者湖水，四周都是樹，水面如鏡，沒有一絲風吹的攪動。有些地方似乎更加開闊一些，我能看出遠山的輪廓，但猜不出離我到底有多遠。有一次，就在林子中央，我碰見一幢巨大的建築物默默矗立在那裡。借助於忽隱忽現的光亮，我看到一扇扇黑漆漆的窗戶，寬闊的門，還有樓頂上的飛簷；環顧四周，我能模糊地分辨出花園和露臺，但是這棟宅子是被遺棄了，還是正沉浸於睡眠當中，我說不清楚。凹狀

的窗戶沒有一縷光線透射出來；屋頂後面有一座高塔凸現，在地平線的襯托下發出微弱的光芒。眼前的景色讓我感到壓抑，不是因為恐懼，而是因為孤獨。我沒有覺得疲憊，因為這裡儘管寂靜，空氣卻是清新的。我開始強烈地渴望有什麼東西能夠打破令人鬱悶的黑暗，可是月亮似乎還處在地平線之下，遲遲不肯升起來。在這片難以穿行的密林裡，我身邊似乎沒有任何生物。有一次我走到一座橋上，橋下的河水盈滿，靜靜地流淌著；站在橋上向兩邊看，我能看到河水在樹叢間微微發光。我看到橋就看到了希望，也許我能在這裡找到居民，尋求庇護，或至少了解一下這個讓我找到自我的奇怪國度的情況；可是小道上長滿了草，沒有留下任何足跡或車轍，我只好跌跌撞撞地重新走進林子裡，我似乎別無選擇，只能往前走。最後，也是第一次，我似乎開始意識到，除了我之外，林子裡還有別的生物。我不知道是什麼，也不知道如何與這個我感覺到的生物交流。但是，樹林裡的黑暗之處似乎有什麼我不知道的東西在向我靠近，其所走的路與我所走的路最終會在什麼地方交會。最後，我腳下的路把我引到林子裡一大片空地，這裡似乎出現了好幾條路的岔口。空地中央，一根石柱高高聳立，像是一根門柱立在矮樹叢中，只是頂部有些厚重，致使門柱向一側稍微傾斜，柱子下邊附近長滿了草。我在這裡停留了一會兒，然後慢慢地在這

塊空地轉了轉，在昏暗中窺視著通往這裡的每一條路。其中有一條路，有一隊人影緩緩走來，他們戴著面紗。隊伍中間有幾個人抬著一個人，那個人一動不動，身上蓋著一塊黑布。透過黑絲絨包裹所勾勒出的輪廓，我能看出身穿柩衣的那個人的頭部、軀體和僵硬的雙腳。這行人就從我面前經過；我不敢打擾這一莊嚴的盛況，儘管我明明站在林子裡，很希望能聽到他們說句什麼，或向我打個手勢。但是這些人影慢慢地向前移動，眼睛都盯著地面，顯然沒有意識到我的存在；突然間，我產生了一種奇特的感覺：我意識到他們抬著的是我的遺體，而我本人則是一個幽靈。這個想法並沒有吸引我的關注 —— 我這時的唯一心願就是希望他們知道我的存在；但是當那個黑暗的隊伍默默地從我面前經過，以緩慢的速度踏上另一條黑暗的路，而我站在那裡卻沒有人理睬，我的靈魂湧起一股悲哀的暗流，我知道自己實際上已經死了。

7 月 12 日和 13 日

　　從那時到現在，我已經有過兩次接近死亡的經歷；我一直盡可能真誠地努力確定，自己真的相信未來存在；不是我希望的、或者我想到的、或者我想像的，而是我相信。但是通常來說，一半以上引發爭論的邏輯混亂，是因對「相信」這個詞所附加的不同意義，既然存在著這樣的實際情況，我最好給我所說的「相信」下一個定義。我不是指「know」（掌握知識），知識這種思考狀態起因於擁有所有的資料；而相信這種思考狀態是因為掌握一定數量的資料所形成的。儘管還缺乏任何絕對的確定性，足以形成一種理論來說明缺失的資料是什麼的。我可以舉一個簡單的例子說明一下。假如我站在一條筆直的路上，這條路通向我面前的較低的路面，然後消失了；與此同時，我看到一條路通往後面遠處地勢較高的路面，看上去似乎是我正走著的路的延續，我相信，我有理由按照我的信念行事，認為這條路與我站著的路是同一條路，儘管我並沒有看到中間部分的路面。假如我掛在門廳的外套不見了，後來遇上一位朋友，他穿的外套與我丟失的一模一樣，聯想到前兩三天他曾來我家吃飯，於是我就會相信這是我的外套，便有理由問他是否錯穿了我的外套，儘管他

很有可能也有一件與我的款式相同的外套。這就是人們說的「間接證據」，如果證據足夠有力，實際上就能確定無疑地證明一個人的行為的正當性，即你可以依據自己擁有的資料推出一定的結論。那麼在我心裡，信仰是確定的，是擁有一定數量的證據推出的結果，所有證據與我認為的、能證明我的相信具有正當性的理論相符合。假如我對一件事的真相有著強烈的直覺，而這件事我又是那麼非常渴望去相信，那麼我往往就會去相信，即使能證明我有理由這麼做的證據很少。比如說，如果一個人處在熱戀當中，他往往會相信自己的感情會得到他所愛的人的回報，如果他沒有處在戀愛中，僅是這麼輕微的跡象，他永遠都不會作為證據加以接受，表明他對另一個人存在著充滿熱情的吸引力。

現在我承認，人類這個群體具有根深蒂固的、本能的直覺力，即憑直覺感知死後身分的延續。問題在於是否存在著可以被稱作「科學證據」的東西，用來支持這個信念。直覺也許不過是想像失敗的結果，因為，一個人的自身存在幾乎是他能絕對確信的唯一事情，所以要求做出極大的努力去想像、去設想自身不存在的樣子，這樣的努力完全超出了一般頭腦所具有的能力範圍。僅次於我們自身存在的這個問題，我們能夠確信的還有我們腳下踩著的堅實大地，而努力對非存在物的構想，幾乎是一個不可能的事。我們可以把非存在

物設想為無形的、消散在蒸氣中、分布在空間裡，但是我們不能把非存在物設想為完全滅絕的；然而，假如我們信仰全能的上帝，我們就會相信，或者無論如何也認為我們相信，上帝具有毀滅物質的力量，就像我們相信在此存在之前有一個時期。

　　有一天我和老朋友一塊談天，他智力超群，是一位相當忠誠的牧師。我請他坦白地告訴我，關於來世他相信什麼。他回答道，他對死後會出現的情況沒有概念，但是他相信，死者最終一定會恢復成某種有意識的物種；在這段時間裡，一個人會以無比懷悔的心情意識到自己的罪惡、所犯下的錯誤、所遭遇到的失敗；一旦完成了這個清理的過程，我們就能全神貫注於沉思上帝的完美。我同意這是一個美好的、高尚的、可保持的想法，但是我說，我要問他，他的信仰的證據是什麼。他說，他依據的是人類靈魂的普遍直覺，而基督教的啟示讓他確信這個的真理性。他說就這個話題而言，直覺是各種各樣的，而且儘管不同的民族、信守不同的教義的人們已經以不同的方式闡述了來世的過程和性質，不過仍然存在固定的信念，也是為全人類所共用的信念，即靈魂在來世的持續存在。他繼續說道：「就像我做的，相信基督教啟示的真理。儘管我不聲稱自己能夠給出非常精確細緻的定義，我認為靈魂的未來存在遵循我所描述的進程。」

這一信念，雖然是經過修飾的，不過還是我認為大多數有信仰的基督徒所持有的。但是讓我不滿意的是這種信念缺乏任何明確的事實證據。這樣的信仰在我看來不過是用一種直覺來證明另一種直覺，因為對基督教啟示的信仰本身就具有直覺的性質。實際上，說上帝無所不能、仁慈善良、完美無瑕的理論並未完全得到世界現象的證實。實際上，相信未來存在本身就具有演繹的性質：面對著眾多使人聯想到的相反的事實，做出世界創造者無所不能、無比仁慈的假定。

　　那麼坦白地講，我相信什麼呢？這個嘛，在我看來，就像我不能設想現存物質的滅絕，我也不能設想生命力（我的叫法）和意識的滅絕。依我所見，活化物質的生命力完全與物質本身一樣是真實的和實際的。至於意識，這是一個不同的問題，因為生命當然存在，比如一個人受到打擊而昏倒時，雖然暫時失去了意識，或者無論有意識的記憶事後存在與否，他都並沒有失去生命。也許是意識依存於生命與物質的結合；但是我全心全意地相信生命的不滅性，這樣我就相信，當我死了，我的軀體變成塵土，那賦予我軀體活力的生命力，現存的與以前的並沒有多少不同。我不敢比這走得更遠，因為存在的所有證據似乎都指向死後意識的暫停。我猜不出來這種生命力如何能夠得到利用，也許是重新退回到生命的中央儲藏室裡，就像我軀體的粒子在我死亡之時將被分

配給各種物質，無論是有生命的還是無生命的物質；也許是我為自己呼喚的生命力卻被重新分配給了其他生命；也許這是明確並限定的事情，這樣的事情並非不可置信。但是，無論在什麼情況下，這一切都在上帝的掌控之中；儘管我也許渴望自己能夠更明確地了解這裡的奧祕，我清楚地知道自己不會打算這麼做；同樣我清楚地知道，所有那些自稱知道，或者向我們保證知道的人們，要麼依賴於他們自己的想像，要麼依賴於別人的想像，而且我們渴望相信的理論當中，沒有一個屬於宗教範圍，即使是實際上已確定的事。

這一信念，或者這一信念的暫停，能對生活和行動產生什麼影響，這很難追蹤；但是，如果我真的可以，我會做出不同的選擇，我會更明確地表達自己對未來生命的信仰；然而，儘管如此，我的理性不允許我這麼做。這不是說我對自己的本能和直覺都不抱有希望。如果在這方面有什麼蹤跡，呈現出了合理的、科學的證據，無論多麼微小，都會讓我有理由推出結論。這樣的證據也許會在未來來臨；但是現在，我只能不情願地說，我不認為在過去或者現在有可能出現這樣的證據。

7月14日

　　我們決不能依賴於這樣的事實，即死後存在的本能似乎深深紮根於心裡；死後存在的本能也許不過是我們活在當下的狀況，難道我們不是每天被類似的錯覺所包圍著？

　　我們坐在明亮的火車車廂裡外出旅行；當窗外的天色暗了下來，我們看到車廂的畫面倒映在車窗玻璃上，呈現出暗黑的路塹側面的輪廓，而火車沿著路塹向前跑著，兩側是陰鬱的樹林和樹籬。我們看到旅客坐在那個有幻影的地方；我們看到車廂裡的座椅，行李架上的行李，車燈靜靜地亮著。我們的感覺清楚地告訴我們，火車就在窗外飛速地往前跑著；然而，我們知道這不過是一種幻覺，這是物質固有的屬性，映照和顛倒所有落入車窗表面範圍內的任何影像。有人對此提出爭辯，那是因為死後存在的直覺植入到我們的內心中，因此認定一定會存在著這樣的東西，也許就像執拗的孩子，他一定會維護自己的印象，因為他親眼目睹了窗外幻影車廂的存在；肯定在那裡，如果可以的話，他就會去把它找出來。實際上，孩子有著更好的證據表明鏡子裡倒映的地方的存在，因為無論如何他看到了；而我們為了證明死後的繼續存在也在尋找，可是根本找不到有科學依據的證據。

7月14日

　　當然了，我們決不能把比喻說法和寓言故事看作論據。但是鏡子裡的幻象是一種錯覺，我們都能加以檢驗，發現這是一個鏡像；然而，幻覺是經常出現的普遍現象。另一個也許就不是幻象，與我們目前的狀態不可分離，難道不是這樣嗎？啊，也許是這樣的。

7 月 15 日

　　關於死亡、上帝或生命的這些想法是可怕的，無法解脫的。它們像忙碌的蒼蠅圍著無助的、甚至過於虛弱而無力抵抗的生物那樣圍著我，嗡嗡地轉來轉去，黑暗變得愈發濃厚，不可穿透。

　　我曾讀過的一本書裡洋洋得意地講道，生命是一種緩刑，又說這能解釋所有事情；但是它解釋不了萬事萬物。這個理論很可能是這個樣子，一個人正當青春年華，上帝突然把他打倒並說道：「喂，不順心時就隨遇而安吧。」頭昏眼花、不知所措、抑制自己的呻吟，受害人一動不動躺了好一會兒，才恢復力量，繼續掙扎著往前走，可是上帝再次把他打倒在地。

　　懲罰，有效的懲罰，並不是在恰當的時候運用到某些人的身上；等到人們出於習慣而變得麻痺之時才給予的懲罰顯然來得太晚了。有些人仍然繼續做邪惡的事，卻從來沒有受到懲罰。懲罰不會落到應得的人的頭上；天真的人和粗心大意的人受到的懲罰往往比謹慎而又深思熟慮的壞人更嚴厲一些。此外，如果是一種緩刑，上帝就是站在爭鬥雙方的兩邊的。祂允許誘惑的存在，然後告訴我們必須感謝上帝，因為

上帝同時還賦予我們抵禦誘惑的力量 —— 如果祂沒有給予我
們這種力量，那又會怎麼樣？有些人，由於天生就是樂天派
性格，就可以仁慈地、誠實地、無私地、同情地、歡快地過
著自己的生活。我們把這樣的人稱為種族的希望，但是對有
些人來說，可能是因為遺傳的傾向，他們不可能這樣生活。
但是沒有人敢說，為了獲得更多這樣優良、這樣美好的天
性，這個世界就會變得更糟。其實，打心底講，我們最深切
希望的是，隨著世界的發展，被選出的菁英數量不斷增加；
上帝為什麼沒有快速提高這個數量呢？於是我們被迫做出假
設，一定是有新的生命妥當地平衡著舊的生命，因為假如不
存在著另一種生命，生命的不均衡性和不公平性就是難以忍
受的。如果生命真的是一種緩刑，我們就應當尊重那些受到
誘惑最多的、受苦最重的、最快樂的人們。但是我們做不到
這一點；我們說到的和想到的受苦是作為罪惡的影子的。如
果我們的信仰是真實的和有活力的，當我們的朋友遭到痛苦
和受到懲罰之時，我們就應當與他們一起歡喜；當我們看到
朋友的生活富裕、幸福、沒有煩惱，我們就應當克服焦慮和
懷疑。我們同樣試圖站在鬥爭雙方的兩邊，這樣我們就可以
一心二用地去戰鬥，不強制我們要服從的是哪一個主。

7月 16 日和 17 日

在我們這個以奇特方式構建起來的世界裡，有許許多多的孩子未能長大成人，就夭折了。面對這樣的現實，繼續主張生命是一種緩刑的理論是很困難的。我不知道具體數目有多麼龐大，但是我猜測，與任何別的年齡層相比，在出生後的兩三年裡死掉的是最多的。那麼嚴格地從平均數上來分析，我們構想出了人類正常類型的理念，並由此得出結論，人類的正常壽命確定為只有一兩年的持續時間，而在某些情況下，壽命則反常地得到了延長；而實際情況恰恰相反。我們都同意，特別健康的人，他們一般壽命是七十歲，或七十歲以上，除非遇到了威脅生命的事故；可是，只有少數人能夠活到這個歲數。現在我們不難看到，所有的人類在思想和力量沒有達到成熟前，我們也許有理由認為，我們一生都需面臨著很多的考驗，而且這是為完善性格而設計的。但是當我們認識到有成千上萬的人，甚至根本就沒有獲得智力及自我意識前就死掉了，更有成千上萬的人還沒有等到完全成人就離世了，他們的行為是靠的是本能而不是處世原則的指導，面對這種情況，生命是一種緩刑的理論當然就會不攻自破，遭遇失敗。如果生命意在培養性格，以便讓我們以某種

方式適應未來的生活，那麼，數百萬的人沒等開始體驗任何有助於性格發育的經歷，就已經死了，死亡潛在的目的是什麼呢？假如我們真的相信生命緩刑理論，那我們幾乎一定會相信東方宗教的輪迴教義，並會將其當做一種推論。所謂輪迴就是指每個個體人格的生死相繼；即使如此，怎麼來解釋即將到來的那些生命？他們在這個世界上也許只存在幾個小時或幾天，留下為失去孩子而悲痛欲絕的父母在那裡頓足捶胸。

如果我們的推理能力真的能把我們的誕生與動物的出世區分開來，我們為什麼服從相同但無法說明的定律，即生育出數百萬的生命，卻只能將其中的少數撫育成人？

假如我們從純粹的理性出發來探究這個問題，我們很自然地就會得出這樣的結論：兩大定律在運行 —— 第一，巨大的創造力定律，根據某些明確的規律竭盡全力地培育生命；第二，跨越這個定律的第二大定律，儘管的確沒有創造力那麼強大，其力量也是令人感到恐怖的，即在竭盡全力地抑制創造力，致使創造力達不到其應有的效果。顯然，這是純粹理性的推論。然而，有一種深刻的直覺似乎拖著我們去相信定律的統一性；於是我們察覺到，維持生命的唯一通道就是犧牲另一個生命。假如我們發現，創造能量定律充分考慮了地球維持生命的品質，經過精心計算生產生命個體，那麼，

沒有哪個生命需要侵犯另一個生命，這樣所有的生命都有了生存的空間，食物可以滿足所有的生命個體維持生計，我們也就用不著懷疑定律的統一性。但是當我們離開植物世界，不以另外的生命為自己的食物，生命似乎就不能維持自身的存在了；而在植物界，它們可以從我們認為的沒有生命的元素，例如水和空氣中吸取養分，統一性似乎是無效的，因為事實上，植物形式產品的產生與每種植物生存所需要的空間沒有什麼關係。我的意思是說，在熱帶雨林許多種子是不能長大成熟的，因為種子數量龐大，對雨林的空間造成壓力，所以大多數種子只能死掉。這樣，一代又一代的生命似乎並沒有根據可供參考的地球資源來進行繁衍，也就是說，地球的承載能力是否可以維持所有生命的繁殖始終是個問題。

由此看來，這種結果就是讓我們產生一種恐懼感，我們的生活並不那麼安全穩定，我們的身邊到處都是隱密的敵人，還有不懷好意的可怕勢力，他們也許隨時都能把我們消滅。無論我們採取什麼防範措施，我們都只可能讓風險程度有限地降低。

沒有哪個宗教體系，也沒有哪個行之有效的道德法則能夠，或者嘗試著解釋這些令人震驚的事實，哪怕是一點點解釋也好；的確，可怕的是我們遇到現實情況而產生的可怕感覺，而不是於事實本身。真的，正是這種害怕的感覺似乎讓

我們意識到，我們也許迫切地希望繼續生存下去 —— 非常迫切，是的，所以我們本能地情願犧牲其他那些比我們弱小的生命，以便維持我們自身的存在。

而且同樣，還存在著一種奧祕，這種奧祕令人痛苦，但是據此我們可以從外部環視上帝的安排，甚至悲傷地感覺得到一種勸化，即假如我們有力量，我們本應該做出更好的安排。然而，恕我出言不遜，上帝似乎沒有那麼多的時間照料所有祂發起的、數不清的、艱巨複雜的計畫。

恰恰是這種判斷的本質才使我們無法得到平靜和安寧；恰恰是本能暴虐地困擾著我們，真的，如果盲目地去追蹤，這些本能往往自身就包含著死亡的種子。

啊，這是一張可怕的、難以解開的網，我們被捲入其中不可自拔；巨大力量的運轉似乎馬上就能威脅到我們的性命，在我們的心裡有最深刻的反抗意願紮根，那就是根本不想體驗死亡。

然而，除非我們確實能夠面對這些事實，否則我們沒有希望達到目的。最為奇怪的是，我們知道的越多，我們對事物緣由探索的越深入，奧祕也變得越來越費解。

7月18日

　　我認為，像我這樣凡事追根究柢的人，儘管對事物的認知常常是斷斷續續和懵懵懂懂的，但喜歡左思右想地去追查真相，哲學家和宗教老師都會對我說，你必須運用更大的視野、更廣泛的理解來追求真理。但是這正是我做不到的。我不能本著統計學家和哲學家的精神去追求真理；相反，我常常為自己回答不了的問題、為自己解決不了的疑慮所困擾，不知所措。事實上，你永遠也不能完全了解除我們之外其他任何生命的生活狀況，所以不可能採用更廣泛的觀點。生活當中有很多人們關注的各種事情，可是有些事情不會、也不能講出來，真的。一個人，無論他多麼坦誠地說出自己心裡的想法，他也不可能一點偏見或個人的目的都沒有。實際上絕大多數人甚至這麼做的技能都沒有；因為誠懇地袒露自己的想法需要相當熟練的表達技巧；這就是說需要把精確的詞語表達成模糊的、不確定的思想，這是世界上最難做的事，即使是對老練的作家來說也是如此；這樣，就像當我們被判以必須沉默，可以說永遠都不可能根據另一個人的觀點來準確地對待生命。實際上，即使是對我們自己的情況，也很難做到公平、不帶偏見地看待生命，因為我們往往並沒有多麼

寬恕自己，而只是為了提出一個更合意的、更有趣的、更浪漫的論點，而不是用事實來加以證明。

那麼，假如只從我們自身的觀點出發、充分而又公正地回顧這個問題，我們唯一的機會就是根據自身體驗來改正我們的信仰。回頭看一看我自己的生活，我可以坦白地說，我曾經被上帝體貼地、親切地對待過。祂把我放置在世界的一個地方，在這裡我可以自由地運用自己的身體感官，在任何情況下，都要比我自己意識到的感官發揮更多的作用。祂使我對痛苦和歡樂都很敏感；祂讓我遭受很小的痛苦，卻帶給我大量的歡樂。我從未意識到自己受到過超出我抵禦能力的誘惑，因為我沒有任何理由我不去抵禦誘惑。像我在自己生活當中遭遇的黑暗、悲痛的經歷，最終一定是獲得救助的幸福感。上帝讓我置身於很好的環境裡，讓我有機會運用祂賦予我的力量，我能發揮的作用遠遠超過了我所希望的。祂給予所有我渴望的東西，還有贏得這些東西所需要的祝福。如果什麼時候我渴望一樣東西，但是卻得不到，我總是能獲得誠摯、溫馨的提示，那樣的東西不會給我帶來幸福，而且我之所以渴望，只是因為我真的不知道那樣的東西會帶來什麼樣的後果，因為我們只能根據膚淺的觀察做出判斷。

至少對我自己而言，我的生活很有條理，依靠的是我所有的感官在欲望和願景方面奇異的適應性。我不得不承受的

一切，都是可以應付的小事，從來沒有讓我無法忍受的。一次又一次，每當我想到自己面臨的複雜的、表面上看似乎是災難性的情況——在我需要的時候而不是在此之前——就會奇特地出現一條平坦的路。我環顧世界，看到令人難以理解的悲劇，那麼多絕望的痛苦、悲慘的生活，這確實是真的。我看到，或者我似乎要看到，柔弱和無辜的人們，並不是因為他們有什麼過錯，卻被捲入災難裡，這其中我看不出有什麼公正而言。我看到人們的性格，從一開始就被不幸的弱點所阻礙，深深地陷入退化。但是我認識到，我是無法從內部看到這些生命；進一步講，我只能利用有待於揭示的未來，在他們發展的某個階段去看待生命。實際上，在我自己的生活裡，有些時候我可以感覺得到——如果我可以做出選擇——我本不該出生，而且沒有什麼樂趣可以補償我一生所經受的苦難，我成了身不由己的受害者。但是，迄今為止我只能坦白地說，一切都得到了明白的闡述，正如《詩篇》的作者那樣，我可以喊叫：「哦，到這裡來聽，你們都敬畏神，我要述說他為我所行的事。」

其次，你會發現，那些即使是絕望地遭受最痛苦折磨的人，也很少會因所受的苦難而責備上帝。他們是多麼可憐地忍受著痛苦！他們通常是那麼執著地認為，自己就該受到如此的磨難！他們是多麼滿懷希望地渴望獲得安慰，不管什麼

7月18日

樣的安慰，並祈求上帝保佑他們！你什麼時候聽到過人們說：「罪惡不是我自己的錯；如果我能重新活一回，我也許能，也不能，以別的方式生活。」這樣說話的人真的太少了！通常人們更多的是在憐憫他人，而不是自己！

就這樣，我們並沒有被遺棄在無光的世界；即使也許我們的心是麻木愚鈍的、籠罩著陰霾，當有了上帝光輝的映照，我們就能看到黑暗之中的光亮，這光亮，就像沉睡在未雕琢的寶石中的神祕之火。我們應當做的就是，抹去困頓表面上那些昏暗的謬誤，因為它們損壞、玷汙了光輝。生活對靈魂的考驗與磨礪，就像對某種未經加工的寶石進行打磨和雕琢，在粗糙的、布滿擊打凹痕的外表被處理掉之前，這塊石頭看上去似乎是那麼模糊不清、那麼不起眼、那麼膚淺，但是它的裡面卻存在清純和明亮的光的泉源，絢麗多彩，難道不是這樣嗎？

7月19日

今天我一直在讀聖經舊約的《詩篇》。第 88 篇是聖詩集中最悲哀的一段，因為，這章從頭至尾都是負擔沉重的心靈在發出呼喊。語氣從未改變，陰雲從未消散；結尾是悲傷帶來的一個傷感的音符、一個憂慮的音符、一個孤寂的音符：「你把我的良朋密友隔在遠處，使我所認識的人進入黑暗當中。」世界上還有哪些詩歌能像《詩篇》這樣如此溫和、如此純樸地談論內心的痛苦？《詩篇》的美在於這樣一個事實，即這是一個人或幾個人的作品，他們以無比的坦誠，（似乎）沒有任何謀求文學效果的渴望，只是希望分享心靈深處的祕密；你永遠感覺不到藝術家之手的修飾；似乎沒有人試圖提升情緒，讓陰影變得更加模糊。那裡只有完美的尊嚴和率直；讀者更感覺不到任何譁眾取寵的效果、任何的自負、任何的自怨自憐；它似乎不是一個人的聲音，而是全人類的聲音。事實上，正是因為《詩篇》不帶任何個人色彩，所以才具有超越靈魂的神奇力量；在閱讀詩篇時，人們似乎不是聽某個同胞在抱怨地發著牢騷；相反，他們似乎被所有悲傷的語氣、所有泉湧般的淚水，所有悲痛帶來的遺棄感和孤獨感所深深吸引。

　　僅就這一篇而言，正如我說過的，裡面就沒有一絲光明或一線希望；其中的大多數詩行，都流露著一種悲傷的情緒，回顧的是在平靜的天堂裡所看到的情景。

　　「我曾耐心等候耶和華，祂垂聽我的呼求。」啊，這就是人性的弱點，尋求安慰，依賴於希望；有些人，上帝沒有向他們傾斜，他們的生活可以預見，有不可避免的黑暗，正在一步步地走向墳墓，陷入苦難和衰退，你以為他們會怎麼樣呢？想一想《約伯記》吧。這本書以極大的勇氣和耐心面對最黑暗的問題。《約伯記》的精華在於，約伯恢復了他所有的繁榮和幸福。弱點在於提出了這樣一個假設，即他儘管突然因天災人禍失去了自己所有的兒女、家產、財富，卻能夠從自己所遭受的巨大災難當中掙脫出來，並逐漸恢復健康，在此之後又生育了強壯的兒女，家產和財富也得到了加倍的補償。這幾乎就是一個過於天真的結局，因為在作者看來，無論是約伯回憶遭受突如其來的沉重打擊，他在災難中失去勇敢而又歡樂的孩子，還是想到兒女們的孩童時代，想到他們逝去的愛和消失的快樂生活，所有的這一切，似乎都不會在約伯這位耐心的家長心裡蒙上陰影。

　　還是在《詩篇》裡，困難處境的性質在於，光明和歡樂可以被恢復。面對無法挽回的災難，在毫無希望的恐懼面前，人們渴望的是能帶來安慰和力量、甚至歡樂的東西。這

些詩篇的作者並不會設想從未來的生命那裡找到安慰；他們已經得到了安慰，因為他們被拖出了泥潭，因為他們的雙腳重新被放在磐石之上，因為生活的愉快得到了恢復。而實際上，生活的快樂、力量還有健康是不會被恢復的，面對著這樣的事實，難道就不能找到安慰了嗎？

從詩篇裡一些詩行裡，我們可以看出作者似乎在從偉大的民族感中獲得安慰；與此同時，回憶上帝為他選中的人們打造的奇蹟，也可以讓他們獲得寬慰。

「你繼續神聖；哦，你敬拜以色列人。我們的父輩寄希望於你；他們信任你，而你便解救他們。」

正是想到可能獲得救助，才使他們覺得負擔是可以忍受的。

我渴望找到卻又找不到的是，有些東西如果可能不會獲得救助，那就得維持；但是有些東西能使長期受到痛苦折磨的老人，嘴裡唱著歌走向死亡。假設我們不能為自己明確地要求一定的希望；假設我們不相信可以直接轉移到一片希望和光明之地，有成群的聖徒歡迎我們，以純潔的和完美的快樂等著接納我們，又會怎麼樣呢？

有沒有可能依賴於上帝意志應驗的、充滿熱情的欲望去接受各種疼痛和恐懼，作為直接從上帝手裡獲得的禮物？只有朝這個方向努力才可能有希望；可我們當中有多少人有能

力這麼做呢？有多少人甚至都沒有機會能感知到這樣的能力，如果需要自我回答，我會說我沒有這方面的能力，而且以我間歇發作的能量、我對疼痛的敏感程度、我放棄絕望的敏捷性來說，我沒有理由相信，我會在什麼時候在自己的生活裡學到這樣的能力。我所需要的是取自堅硬岩石縫裡的蜂蜜，來安慰自己，從意想不到的地方，從險峻的峭壁取來的蜂蜜；甜點儲藏的地方，往往看起來都是那麼黑暗，很難接近。我曾面對面地見過死亡，而我被給予的是冷漠、無情、被動的勇氣，這些並非源自對最差境遇的認知，而是因為我們無力去認知。然而，人們畢竟不需要懷疑上帝的仁慈，不需要抱怨被寄予的力量的性質，只要給了就是好的。但是我不敢說，我覺得上帝與我在一起；祂就在那裡，祂就在我的頭上；但是，我穿過山谷，不像是個大膽的人那樣面對末日，倒像是個孩子在黑暗的隧道裡，緊緊地抓住母親的手臂，把臉藏在母親肩膀的後面。

也許人們渴望的太多 —— 渴望健壯、渴望獨立、渴望英勇；但是人們不得不了解自己的最大弱點。也許這裡存在著祕密。

7 月 21 日和 22 日

　　在過去的很長一段時間裡 —— 實際上有許多年 —— 我一直非常關注於對死亡的思考。也許有人把這種做法稱之為病態的關注，但實際並不是這樣。假如你從物質方面凝神思考死亡，描繪造成死亡的悲傷事件，以模糊、朦朧的目光看待被強化的形象，那白蠟似的蒼白、淡淡的微笑，那才是病態的；但是我從來不去細想這些事情；我所關注的一直是，所有這一切的意義是什麼，令人感到洩氣的結局的背後，存在著什麼樣的希望前景。

　　我讀過一些這方面的書、沉思錄和科學論文，還有一些所謂的哲學上的慰藉。但是隨著我越來越接近這個主題，所有的這些著述在我看來，似乎都是難言的、虛假的無稽之談。他們根本沒有靠近真實的體驗。這些論述似乎是那些坐在扶手椅裡的人舒舒服服地寫出來的；他們絞盡腦汁地設想著死亡的樣子；但是，死亡與世界上任何事物都不一樣，不僅在程度上，就是在種類上，也與任何人能形成的想像完全不同。我認為，不同的人對死亡有著不同的經歷；不過在我看來，就這個題目寫下所有的最虛偽、最空洞的敘述，都很難達到它所暗示的安慰作用。比如，宗教書籍裡說：「品德

高尚的生活記憶能帶來平和,而花天酒地的生活記憶能帶來
痛苦。」如果這其中有什麼真理的影子,我認為那就是存在
於這樣一個事實,即生活當中有道德的、溫和的人們,往往
就是那些性情平和、生活有節制的人們,他們一般說來不那
麼富於想像、激情四射或欲望強烈;這樣的人面對死亡的態
度,很可能和他們面對生活的態度一樣簡樸、一樣平靜;但
是另一方面,抵禦不了誘惑、滿足於感性衝動的人們,他們
通常則是性格不穩定、急切、做事無耐心、貪戀歡樂、受不
得驚嚇、想像力豐富、神經質、容易激動、焦躁不安、胡思
亂想。但是我認為,正是神經質和過於豐富的想像力才產生
了差異,而不是罪惡和失敗。世界上最偉大的聖徒,如果具
有自省的性格特點,就可能會有大量的失敗經歷需要回顧,
深深為自己失去的機會、荒廢的時光而感到懊悔;而從另一
方面講,如果有著強硬的、粗俗的、野蠻的本性,他們就會
以乖戾的冷漠面對死亡。

　　但是我自身的體驗表明,在死亡的邊緣,你幾乎完全不
可能去回想過去,你的想像力變得遲鈍,你的各種感官集中
在衰落的生命裡。我厭惡我感覺到的不安,超過了我面對死
亡的恐懼;我只是根本沒有足夠的力量去反省。

　　至於其他形式的安慰,不過是些充滿幻想的東西;因為
事實上人們渴望得到的根本不是安慰。我讀過一本書,大概

是個哲學家寫的吧。他說，能想到死亡定律的普遍性本身就是一種安慰。正如哈姆雷特說的：「你知道這是常見的事。」所有活著的人，都遲早有一天不得不穿過死亡之門，而有了這樣的想法，作者斷言，所產生的效果就可以緩解對死亡的恐懼。咳，我可以坦白地說，我的頭腦裡可從來沒有如此朦朧的想法。孤獨感的體驗是那麼強烈，被完全隔離的感覺是那麼無奈，你根本不會想到與死亡有關的任何其他事情，至少我不會。我所感覺到的體驗是那麼奇怪，我無法想像在我之前還有誰有過這樣的體驗；看上去我的體驗絕對是獨一無二，屬於我個人的。

不，這些安慰，這些支持我的想法，也許是在一個人還活著並活得挺好的時候就能得到滿足；但是當一個人就要死了，看起來似乎是這樣的：你曾想到的，或者任何別的什麼人想到的，基本上和真實情況都沒什麼關係。實際上，真實情況有各式各樣，所以你集中精力去沉思這個問題；儘管死亡能留下一個身分作為世上的一個存在，從某種意義上講，死亡使一個人從自身解脫出來。對此我無法描述；這個思想不能夠再次得到體驗，無法用言語進行表述，因為死亡是那麼令人驚異、那麼新奇、那麼不同於世界上任何別的事物。我不認為以前曾有誰努力嘗試著對此進行過恰當的描述；至少我是回憶不起來自己什麼時候讀到過這方面的書，使我可

以有準備地應對死亡，一本也沒有。我想也很少有誰會像我這樣，如此近距離地面對死亡卻沒有死，而且頭腦清醒，意識健全；或者說，假如他們也經歷過，所獲得的感受與我一樣，那麼他們就會知道企圖描述無法描述的東西是多麼的不容易。

假設有一天，你沿著熟悉的路散步，拐過彎時你突然發現原來期待的著名場景不見了，取而代之的是一條挖開的巨大鴻溝；你能看到陡峭的岩壁，巨大的破岩層和岩石之間的接縫，溝邊可以看到彎曲的樹根；你可能會凝視著溝的深度，從無法想像的距離看到一堆煙火裡閃現的微光，聽到奇怪的、遙遠的、可怕的聲響，像滾落的岩石，潰決的水庫，裂開的峭壁，所有這些都隱約出現了。一開始，你可能不會想到你所熟悉的田野和房屋遭遇到了什麼情況，你甚至不想知道是什麼原因造成了這一可怕的痙攣；你只是會全神貫注於凝視，在某種程度上你的情感也許是快樂的。

啊，死亡就是這個樣子！就是熟悉的生活突然中斷和暫停，令人感到莫名其妙。你似乎接觸到了某種無限大、無限古老、無限遙遠、無限驚人的東西；它能消除你所有熟悉的思想、習慣和觀念，因為這些東西都被無邊無際的空間所吞沒。而且這樣一來 —— 至少這是我的體驗 —— 你沒有時間想到悔改、安慰或者勇氣。你不會渴望獲得其中任何一個，

不是因為你不需要，而是你根本想不起來。敬畏、驚愕、神祕的氛圍湮沒了一切。然而，正如我講過的，這不是一個令人痛苦的想法；在死亡周圍有著令人愉悅的東西，儘管我說不出愉悅存在於何處 —— 這種愉悅，也許就是一個人接觸到極大的體驗時的個人感受，一種冒險經歷，與這種冒險相比，探索者的所有發現，詩人們的所有夢想，旅行者的所有故事，世界上所有的榮譽都可以歸屬進微不足道的範疇了。當西班牙探險家巴斯寇・德・巴爾柏[2]從加勒比海最南部的達連灣看到大西洋，他幾乎沒有想到自己的麻煩事、流浪的生活、危險的境遇和最終屬於他的榮耀。想要的東西就在那裡，就在那波濤異常洶湧的海裡；在某一時刻，他只是滿足地凝視著；如此這般，在死亡中，當一個人突然不得不面對無潮汐的大海時，世界上任何別的東西都會逐漸在視野裡消失。

　　正是在事後，人們才去回想，去沉思，去思考一個人死時應該有的感覺；但是在那個時候，除了充滿敬畏的和一心一意地關注，別的什麼也沒有。

2　巴斯寇・德・巴爾柏（Vasco de Balboa, 1475-1519），文藝復興時期的西班牙探險家、總督。

7 月 24 日

對於我們生活真實的、奇妙的祝福，我們是多麼盲目和忽視；我們很少對此表示感謝；直到失去了，我們才會知道這些祝福的重要意義。

如果你從亨廷頓出發去羅伊斯頓，順著老北路往前走，經過溫波爾這個榆樹環繞的村莊後不久，就會有一條小路引導你轉向欣伊蓋，一個奇怪而又罕見的地方，在地圖上你找不到與它相對應的位置。如果你轉向這條路，再往前走一點，就會經過溫蒂教區牧師的住宅，一片低矮的灰泥房，四周是一些樹，環境優美；在大門的右邊 —— 從路上就可以看到或聽見 —— 在灌木叢中有一個噴泉，水管大概有六英尺高，日夜不停地噴水，發出悅耳的叮咚聲；泉水流入一個長滿青苔的大水池裡，然後流入一條小河。鄉村四周的地勢非常平坦，綠油油的草甸生機盎然，被流過的諸多溪流分割成好多片；溪水接著流向地勢稍低的地方，最後匯集到卡姆河裡。我常常走過這條路，每次都能看到那個噴泉；但是除了想到這裡的水很多，我從來沒有進一步去想，這裡的水顯然水壓很高，可以高出地面向上噴湧，日夜不斷。在如此一個平坦的區域出現這種現象不是很奇怪嗎？但是除了想到一

個鄉村牧師擁有這麼大的噴泉，讓泉水日夜不停地流入他的灌木林裡，並沖到了路邊，這是很浪費的行為，我從未對此事考慮更多，直到在一本書裡看到，原來在鄉村裡這是一種非常特別的泉水，沒有人知道這些泉水源於何處；也許是源自山坡邊荒原上一些山洞；因為泉水的水壓是如此之高，蓄水池一定位於相當高的地方，無論是在哪裡，而周邊的地面均低於荒原高地。實際上，這條水渠的存在於歸功於這樣一個事實，即它可能展現的是一條古老通道的存在，泉水就是流經了這條通道。所以，透過這條黑暗的、大概存在了數百年的地下通道，爬上山的冒著氣泡的白堊水聚集到了一定程度後，就被引向平原區域，並從地面向上高高地噴湧出來。但是在我看來，就像我說的，這倒像是個寓言故事，告訴我們，在理解這些美麗而又奇特現象的時候，我們的心靈和思想是多麼的遲鈍。

我恐怕總是這樣。在我漫長而又緩慢的被限制活動期間，我才逐漸意識到自己獲得了多麼美好的健康財富。以前我從未給予重視；我幾乎不知道自己擁有這樣的財富。我想，關於殘疾病人，我往往覺得他們的隱遁，迴避參加活動的做法有點矯揉造作。我甚至不認為自己非常同情他們，而是以為他們過著某種舒適的、懶惰的生活。如今，我的身體恢復，這似乎是一件值得珍惜的事情。以前有點小病我就著

83

急，覺得這為自己的生活帶來了一些不便。但是我從來就不知道，整天躺在床上，工作、飲食和運動都受到限制，那會是什麼樣的感受。讓我非常苦惱的不是這些限制，而是那種虛弱、煩躁不滿的感覺，使我難以自持。看書不到一個鐘頭我就會覺得疲乏；上下樓我也覺得吃力。最糟糕的是，雖然身體狀況不好，可是我的頭腦卻非常清楚，顯然是我身體的某些機能出現了故障。

這是一種沉重的考驗，對此掩飾是沒有用的。現在我可以談一談和寫一寫，因為我聽說過，這很可能只是一個時間問題和耐力問題。但是幾個月前，當我覺得自己一天比一天虛弱，不敢期盼什麼，或希望自己的身體有任何的改善後，這樣的事真的是太糟了，我不想談論。我不需要同情；我需要的只是力量和健康。

我有時問自己，是否能夠從那幾個星期所受的折磨當中找到什麼好處。我想，大概就是某種不屈不撓的耐心。起初，腦子裡沒完沒了地想著各種希望和焦慮，直到筋疲力盡，大腦開始覺得厭倦；接著就出現了這樣的時候，你學會不再去想它了 —— 活一天就要過好一天，努力營造生活的樂趣，消除自己焦慮的情緒；但是，如果內心深處懸著沉重的恐懼感，最糟的結果就是對美感的體察變成了一種折磨。你能看到一些美好的東西，花朵、閃光、日落；正如一個人

有了一陣小小的驚喜，卻有一隻陰險的手從黑暗之處伸出，把它們拽了回去。如果你本身是殘疾的或受傷無助的，只是孤寂地度過臨死之前不自在的幾個小時，從中獲取樂趣能有什麼用？沒有什麼言語能夠表達那縈繞於心的思想沉寂。關於那個黑暗的山谷，死蔭之谷，沒有什麼是浪漫的，沒有什麼能鼓舞人心。在《天路歷程》這本書裡，故事的發生地充滿許多令人好奇的事物，例如陷阱（我常常想知道陷阱是個什麼樣子），還有圈套；昏暗間可以模糊地看到一些洞穴，在洞穴的周圍有一些可怕的影子；那裡還有一些妖魔鬼怪，像獅子之類的動物，以極快的步伐尾隨著朝聖者，走到哪兒跟到哪兒。假如那裡存在這些令人吃驚的伴隨物中任何的一個，在我看來，和後來證實的相比，儘管很恐怖，但山谷也許是更有刺激性的；但是那裡只有空空的、無形的陰暗，絕望的沉寂使所觸及的一切都化為塵埃，無論是什麼。

現在，感謝上帝，很不同的是，我看到了前面的光，我所受到的限制有著一種快樂的氛圍。但是，這與那些可憐的人有什麼關係呢？在他們身邊不幸的氣氛繼續變暗，變黑，他們每天遇到的不是希望，而是日益增強的絕望，他們變得越來越虛弱。上帝什麼時候，在什麼地方，以什麼方式對他們進行救贖呢？

如此一來，我回到自己最初的想法，即我們對自己沒有

煩惱的幸福日子，是那麼的不知道感恩。現在對我來說至關
重要的是，最好的禮物就是無意識的健康；我祈禱上帝寬恕，
我從祂手裡得到了那麼多財富，卻沒有精心加以使用，反而
當做是一種權利；對上帝的恩典，反應竟是如此愚鈍。

7月25日

　　我認識的一位老婦人，氣質高雅，天生就是樂天派，凡事都充滿希望，近年來卻遭受著嚴重疾病的折磨，身體上的疼痛經常令她無法忍受。當地一位優秀的牧師盡一切努力去安慰她，吩咐她想一想釘死在十字架上的耶穌，以及他在十字架上所遭受的苦難。「是啊，」老婦人感傷地說：「但是耶穌受苦受難的時間是那麼短 —— 只有幾個小時，而我卻日復一日地受著折磨。」

　　關於耶穌與十字架的故事，並不是我們唯一的爭議。據我看來，假如基督可以憑藉其神性預見到自己要經歷的事情，知道自己經過幾個小時的折磨之後，會被公認為和平和榮耀的化身，為人類確定永恆的利益，那麼祂在十字架上受難，則根本不像是一場恐怖之旅。即使是我 —— 一個脆弱、畏縮的凡人 —— 如果我能夠確信，經過幾個小時的瀕死掙扎後，我可能步入生命和光，如果與此同時我還知道自己承受的痛苦甚至能夠為自己的國家帶來安慰，我當然可以毫不猶豫地服從無盡的折磨。然而，世界各地都有人不得不忍受糟糕的或更糟的痛苦，他們無法確信任何生命的希望會來臨，他們不能深信自己的苦難將有益於一個人的靈魂。要麼那些

7 月 25 日

知曉即將來臨的，對基督的心是隱藏的 —— 祂絕望的哭喊似乎證明上帝已經把祂遺棄 —— 要不然祂不得不忍受不可思議的痛苦，對此我們得不到任何暗示；否則，耶穌釘死在十字架上這個故事，幾乎不能為讓我們撐下去提供任何幫助。

那麼在我們最痛苦的時候，知道其他人也曾遭受過類似的痛苦的故事，真的能讓我們忍受下來嗎？就我而言，我只能說，這無法支持或安慰我自己。當一個人在面臨死亡、看不到任何希望之光時，他只能獨自忍受痛苦，陷入絕望和不幸之中。

「祢叫我不能閉眼，」《詩篇》的作者說道：「我煩亂不安，甚至不能說話。我追想古時之日，上古千年。我想起我夜間的歌曲，捫心自問，我心裡也仔細省察。

「難道主要永遠丟棄我，不再施恩嗎？難道祂的慈愛永遠窮盡，祂的應許世世廢棄嗎？難道，神忘記開恩，因為發怒就中止住祂的慈悲嗎？

「我便說，這是我的懦弱，但我要追念至高者顯出右手之年代。我要提說耶和華所行的，我要紀念祢古時的奇事；我也要思想祢的經營，默念祢的作為。」

這些就是一個喝過最苦的酒、飽受磨難的人所說的話；他找到了安慰，或者說試圖找到安慰，心裡想著自己國家的歷史，和上帝那指引光明的手。他一定是位具有罕見毅力和

高尚的愛國主義情懷的人。就我本人而言，在這些黑暗的時刻，古老的奇蹟沒有意義。問題是上帝今天能否向我顯示他的威力。如果我曾更高貴一些、更強壯一些、更慷慨大方一些，在我虛弱的時候，名人們的夢想、忍讓的高尚行為、勇敢承受痛苦的態度也許會讓我感到顫抖。但是我不能。這樣的想法對我毫無意義。我沒有以自由意志招致我的痛苦；我沒有希望這麼做能惠及他人。我在這裡完全坦率地講，一點都不隱瞞，不試圖為自己提出一個好的例子；而且我還要說，在那個令人絕望的時刻，沒有哪種思想，無論是哲學思想還是宗教思想，能夠幫上我的忙。我像一位無助的受害者躺在那裡，完全被上帝所降服。我的感覺就像森林裡被槍打中的可憐動物，慘叫著倒在地上，拖著身子拼命爬行，可是獵狗又撲了過來。為什麼把我生出來？我做了什麼要受到如此悲慘的懲罰？我不指責上帝的公正或上帝的力量：我只是忍受。我能做的唯一努力就是把自己的憂傷隱藏起來，不讓愛我的人看見，強迫自己說話和微笑，然後再次陷入自己孤獨的悲哀之中。

7 月 27 日

　　非常奇怪的是，儘管我曾兩次毫不畏懼地直面過死亡，卻沒有學會不害怕死亡。既然我已經緩了過來，恢復了健康，覺得自己變得更強壯，我的想像力開始再次排斥對死亡的恐怖。我覺得，那個時候我並沒有意識到這一點；就像有人也許看著某個人在小船上睡著了，卻不知小船順流而下，就要被捲入可怕的大瀑布湍流之中，而這一切只有當我回頭再望的時候，才會清晰地意識到。我再次為自己設想那種令人驚恐的黑暗、隔絕，所有熟悉的思想和活動戛然中止，生活的大幕突然落下，我再也看不到自己居住的地方，包括房間和屋舍還有我熱愛的田野。疾病和暫時缺席一些活動還是可以容忍的，因為人們希望恢復健康，回到自己熟悉的世界、回到舊的安逸的生活方式當中，可以看見老朋友的面孔，可以再次與老朋友們暢談，回歸到令人愉快的生活習慣之中。我不知道自己最怕的是什麼 —— 我的生命有可能終止，我有可能蕩然無存，我可能陷入永無止盡的長眠，或者我可能發現自己被孤獨地拋向浩瀚的神祕世界裡，一切需要從頭學習，一切需要重新認知。我以為，兩次與死神擦肩而過，沒有被死亡的陰影所遮蔽，我本應該學會不怕死亡；

但是我似乎什麼也沒有學到。下一次，情況就會有所不同
了，假如我現在感覺到的恐懼感再次向我襲來，那又會怎麼
樣呢？

　　記得有一次我被注射了麻醉劑，事後回想這件事的可
怕，我再也不想接受麻醉了。當我對周圍的一切失去感覺之
後，我在生命最深處感受到了可怕的痛苦；我覺得自己似乎
身處一個沒有門、沒有窗、只有牆壁的屋子裡，黑水劈頭蓋
臉澆下來，我的生命之火正在熄滅，或者更精確地說，我正
在被粉碎成虛無狀態。不是疼痛，而是無法用語言表達的恐
懼。意志似乎不能夠默認去承受被迫承受的痛苦。

7 月 29 日

　　信仰對一個人意味著什麼？我認為我是靠深刻的直覺來理解的，一種真實的希望，一條通往黑暗的道路，但是頭幾步需要靠理性和知識之光來照亮前面的路；讓我們足以相信這條路最終仍可以彎彎曲曲的穿過黑暗。

　　我認為，頭幾步的辨認，即使是其中的一步，也是信仰不可分割的一部分。有些人似乎以為，擁有直覺和希望就足夠了，用不著任何程度的確定性；為他們道路照明的只是另一個直覺和希望。一些人在天啟宗教的說法裡找到了光；但我在這裡錯過的，是可以用科學方法證實的確定性的片段，這是我所要求的。我不認為信仰僅僅是一種盲目的自信，不經證明就相信別人告訴我們的東西，或者其他人傳遞來的東西，因為其他宗教也有許多信徒，他們有著同樣盲目的自信，相信他們教義裡的真理；那麼誰又來決定到底哪些教義是真實可信的呢？

　　不，如果與理性相牴觸，這不是信仰；假如結果證明一個人的希望是徒勞的，只不過是做好徹底失望的準備，這不是信仰。但是，如果理性能夠照亮前面的路，哪怕不遠的一段路，儘管你還不能清晰地辨認整個路程，但是的確能夠證

實路就在那裡這樣的事實，這也可以說是信仰。理性說：「你的足跡當然從這裡開始；我看到它發著微光走了一點點路，然後進入黑暗；但是它也許會停在那裡，也許會通向廣袤的荒野或懸崖絕壁。」信仰的任務是否定理性的黑色推測，然後說：「能夠看得見路上有個清楚的起點就足夠了；我的希望，我的直覺告訴我，它能引導我們穿過黑暗。」理性和信仰，缺了哪一個都不會是完整的。理性能使我們在自己征程的起點徘徊，生怕一腳踏入黑暗之中，但是缺乏理性的信仰卻能擔保一切都差不到哪去，頂多就是徒勞的妄想，一場美夢而已。只有對真理的感知才能確保我們勇於邁出第一步；只有信仰才能給予我們繼續前進的信心。

7月31日

　　昨天我不得不忍受著不時襲來的劇痛 —— 不是什麼嚴重的事，雖然如此，疼痛還是真的讓我無法忍受：疼痛似乎漫無目標地在我的身上發作；似乎疼痛本身就有毒性色彩，甚至有著有毒的氣味。我試圖像哲學家那樣冷靜下來；我試圖看一看自己能否分析一下，疼痛到底是怎樣一件不尋常的事情。這種敏銳的麻刺感不時地壓過所有的其他感覺，使你不得不集中思想，渾身顫抖地把注意力放在似乎與疼痛本身沒有關係的事情上，然而疼痛卻又那麼勢不可擋、那麼使人怯懦、那麼令人難以忍受。

　　對科學一知半解的樂觀主義者說道，疼痛是一種危險的訊號，並警告我們有些徵兆是需要當心的。假如我們缺乏保護、複雜的身體部位對此沒有感覺，我們可能不會包紮傷口還四處走動，那樣我們的生命就有可能很快終止；而這當中最糟的情況是，它只適合一般的事實，就像樂觀主義理論，並不適合所用情況。某些我們最難忍受的疼痛，例如牙疼和神經痛，其實並不預示著你得了什麼要命的病，而有些致命的疾病在發作之前，並不會發出警告。

　　人們忍不住會想，那無所不能的力量要麼應該保護我

們，讓我們不受極度討厭的感覺的攻擊，要麼應該加強疼痛的程度與某種原因的嚴重性的關聯性；要不然，在我們無法看穿的祕密裡，始終會有種豐富而又深刻的意義。至此，我們似乎又一次被如此悲哀地留在了黑暗當中。我有個朋友，每隔一段時間神經痛的病症就會發作，他不得不長期忍受極度痛苦的折磨。這些病痛讓他衰弱無力，身心憔悴；疼痛讓他無法工作，無法思考；每次痛苦發作之後，他都拖著疲憊不堪的身子，重新回到生活當中。我聽他說過，他在自己所遭受的磨難當中找不到任何益處，唯一的結果就是嚴重的神經過敏和徒勞的掙扎。我認為他在自己的生活歷程中，沒有得到任何特別的同情和憐憫，卻經受了大量的痛苦。許多殉道者因自己堅定不移的努力而贏得了永恆的榮耀，但是他們不得不忍受的痛苦，卻遠遠比不上我說的這位朋友。就我朋友的事而言，非自願的受難這一事實在我看來，並不能使神祕的事物變得清晰些，實際上反而加深了人們身處境況的神祕感，因為假如疼痛是自願發生的，那它肯定會存在著支撐的特性，來幫助我們承受疼痛。

我自己經歷的那些算不上嚴重的痛苦，並沒有使我的信仰和耐力得到任何增強，我只是以一種懷疑的目光回顧這些時刻我所產生的恐懼感，想想這個世界上存在的、與人的自然本能如此矛盾的事情，這一切幾乎不能結出任何於健康有

益的果實。看起來，在一個有那麼多美好和善良事物的世界裡，卻發覺自己面臨著如此難以言喻的、令人恐怖的事，似乎是對我們已有信仰的一種背叛。

實際上，有件事情能更清楚地向我們表明些什麼，那就是世界的痛苦；至少在經歷過這樣的痛苦之後，我發覺自己盲目地伸出雙手向萬眾之父祈禱，希望祂能為那些不得不忍受痛苦、處在黑暗當中的人們送去一點光明。但是接下來，當我想到世界各地田野上的牲畜、柔弱的兒童、敏感的女人、煩惱的男人，他們都在忍受著各種各樣的痛苦，一個可怕的陰影籠罩在我的心頭。我看到驚恐的目光、蒼白的臉色、掛著汗珠的眉毛、緊握的拳頭，受難者焦躁不安的活動，直到幻想裡的景象給我帶來了無法忍受的壓力。疼痛是那麼頻繁地落在最不適合忍受痛苦的人的身上，落在那些對疼痛不理解的人的身上。人們往往非常同情所有受苦受難的人，對他們的遭遇感到遺憾，殷切地希望他們能得到安慰；然而，我甚至不能確信，我以內心所有的力量所做的禱告，是否會使上帝減輕受難者肉體上和精神上的痛苦。如果痛苦沒有某種深刻的、需要慎重對待的意義，上帝當然不會如此冷酷無情地賜予痛苦；假如痛苦具有深刻而又微妙的意義，我又怎麼敢要求減輕痛苦呢？

8月1日

　　假如我能明智地服從，不做抵抗，讓藥水流過我的身體，我本可以更快地痊癒。昨天夜裡，一隻大蜘蛛在我的燈附近不耐煩地爬來爬去。很幸運，牠沒有被燈燒著，可能是覺得累了，牠開始爬向天花板，用長長的前腿抓著天花板，而身子和其餘幾條腿向下垂著，準備睡覺。

　　今天，在我身旁的桌子上蹲著一隻遲鈍的家蠅 —— 網狀的翅膀耷拉著，瞧牠那頭，長得真夠醜的。牠似乎陷入了深思當中。我打擾了牠一次；牠晃了晃觸鬚表示抗議，然後又平靜下來繼續睡覺。這裡有一條狗，柯利牧羊犬，讓我產生了莫名其妙的幻象。牠來到我的屋子，躺在墊子上幾個小時，也許希望什麼時候我能站起來，帶牠出去遛遛。這條狗整日整夜躺著；只是偶爾地，會把腦袋緊貼在地上，我看出牠瞪著褐色的眼睛、渴望地觀察我的動作。如果我說話，牠就不動，只是用尾巴重重地敲打著地板。我希望自己能像牠那樣恬然入睡；牠發出滿意的嘆息聲，讓自己舒舒服服地睡著了，似乎厭倦了這個世界。但是就在此時，我自己的情緒對我來說就是一種折磨。我只能看一小會兒書，每次只能寫上幾分鐘：我似乎無法靜下心來思考。如果能的話，我本可

以構思一部新書，但是現在的我做不到。我的腦子是倦怠、空虛的，思緒似乎無精打采地四處徘徊，就像一個人在雜物儲藏室裡，拿起一樣東西，然後又放了回去，窺視著角落，看著架子上的物品。他發覺幾乎不能控制自己的思想，認為這是挺可恥的。我必須學會思考，但這似乎是件很困難的事。我認為自己已經變得非常習慣於以書面的形式進行思考，別的方法都不行。阿拉伯人有個說法，我想是他們的稱呼是「kef」，就是吸毒後的那種半睡半醒的陶醉狀態。他們說，這是一種在昏昏欲睡狀態中的沉思，可以讓人非常滿足、迅速地度過時光；也許我可以練習這個方法；這個方法似乎值得實踐。

身體不知不覺的疼痛讓我精疲力竭，這最嚴重的結果就是使我大白天老是想著睡覺，這與我所了解的任何事情差別都很大。無法忍受的睏意讓我頹喪。我陷入某種過度恍惚的狀態。醒來時我覺得很沮喪，不知道自己是在哪裡，甚至不知道自己是誰。接著，意識猛然回到我的身上，讓我感覺既不舒服，又很震驚；很快，睏意再次讓我睜不開眼睛。悲慘的是，這樣的睡眠並沒有讓我覺得時間過得很快；一個小時裡，就這樣一會兒睡著，一會兒醒來能有十幾次，而且你會驚訝地發現，每次這樣持續昏迷的時間極其短暫；但事後你

會覺得稍好一些；它只是表明未受天恩的罪人為了獲得赦免和睡眠，而作出的一番絕望的努力，以滿足生理的需求。

8 月 4 日

　　我記得，前些年我在一個鄉村教堂抄錄過一段墓誌銘 —— 那個地方好像叫巴辛伯恩，離羅伊斯頓不遠，是一個樹木茂盛、令人愉悅的村莊。這是聖艾維斯一位紳士的墓。這位先生經歷過許多磨難和最變化莫測的命運，63 歲時他平靜地走完了自己的人生旅程。我希望自己知道這個可憐的人曾忍受過什麼樣的痛苦，為什麼他會覺得死是那麼輕鬆的事；但是在我看來，假如生活可以為我們做的最多的就是讓我們準備好離開生活，那麼這似乎是一個悲哀的祕密。

　　於是我想起了一位哲學家寫給我的信。這個人非常和藹、天真，他發覺自己患上了絕症，需要立即手術，至於術後身體能否恢復，誰也說不好。他是一個誠實的、熱心公益的、不矯揉造作的人；他寫信給朋友，講述發生在自己身上的事，並說道，他發覺離開人世的前景似乎非常恐怖，「畢竟在這個世界裡，活著還是很美好的事。」我認為，這些話仿效的是丁尼生[3]〈莫德〉裡的詩句，丁尼生的這部詩作曾受到冷遇。手術確實讓這位哲學家活了下來，儘管只多活了幾

---

[3] 丁尼生（Alfred Lord Tennyson, 1809-1892），英國著名桂冠詩人。代表作：〈尤利西斯〉、〈伊諾克·阿登〉、〈過沙洲〉、《悼念集》等。

個月。自始至終，他表現出了完美的寧靜和勇氣，就在手術前一天還去拜訪朋友，與朋友交談各種話題，興趣不減，還是那麼興高采烈。也許我們比自己知道的或勇於希望的更堅強、更勇敢；但是理性和想像差別最大的部分在於，我們能那麼清楚地預測自己的苦難和自己的末日。田地裡的牲畜也遭受痛苦；但是就我們所知，牠們只能真實地忍受疾病的折磨，不會承受十倍於預感的痛苦。

我們大家渴望的都是幸福和寧靜，只要是存在，我們很少在意如何去獲取。儘管痛苦，儘管我們身不由己，上帝有時把它賜予我們；但是我們不得不把目標定在至關重要的信仰上；只有信仰才能在我們面臨未知恐怖時支撐著我們。也許我們不能盡我們的力量獲得明確和深刻的信仰，這樣的信仰能使殉道者以極其喜悅的心情走向死亡，但是我們大家都可以實踐這種信仰，默從上帝的意志。奇怪的是，我們在幸福的日子裡似乎從來不問自己為什麼快樂。那似乎就像在家鄉呼吸的空氣；只有在我們遭遇了不幸的時候，才會想起詢問事情的起因。

哦，奇怪而又悲哀的祕密，如同時間一樣古老：我們無法解決的祕密，上帝不會為我們解決的祕密！我們的理性告訴我們上帝是強有力的；我們的心靈告訴我們上帝是仁慈的。

記得有次我待在一個盲人朋友家裡。在他的請求下，我

8月4日

陪他妻子出去散步，留下他坐在小花園裡。我們剛要出門，他的妻子突然想起有件事需要問問丈夫，我們就回來了。他已經在椅子上坐好，一動不動的坐姿表現出了盲人所具有的令人崇敬的耐性，這我不止一次在盲人身上看到。我沒有靠近他們，生怕讓他意識到我就在眼前而影響他們的交談，但也不遠，足以聽得見他們在說什麼。她抓著丈夫的手，問了她想問的問題，並補充道，「你確定什麼也不需要了？」他托起妻子的手吻了吻，悲悵地笑了笑，那表情刺痛了我的心。「親愛的，我只需要恢復自己的視力。」這是唯一一次我聽到他不那麼快樂和滿足地說話，我感動地留下了眼淚。妻子哭泣著俯下身子，張開雙臂擁抱著丈夫。丈夫雖有耐性，卻又那麼無助，這喚起她的、也是我見過的最深切、最溫柔的愛，這充滿悲悵聲音的力量讓我很驚奇。

後來我不再驚奇，而且我覺得，假如我們只能以同樣的愛和完美的耐性接近萬眾之父，我們遲早都能獲得啟示，無論是什麼樣的啟示。

8月5日

面對死亡，人們有時會在歷史書籍和傳記，甚至真實生活裡遇到一種模式，這種模式能引發我們內心顫抖的欽佩。憤世嫉俗的、勇敢的、有教養的先生就是以這樣的模式來面對死亡，而這種模式主要基於對抗死亡的攻擊，不是信仰之盾，而是良好的行為舉止之盾。查理二世彌留之際就是這樣。這個人的生活理論就是只做讓自己高興的事，無論是尋歡作樂還是治理國家。他不相信美德或無私；但是他信仰個人榮譽和勇氣，在臨近墳墓的邊緣之時，他還謙恭有禮地開玩笑。這樣的臨終之床不是一幅慘澹的景象；他經歷了歡愉的生活之後，在面臨黑暗的時刻，不允許沮喪為自己的容貌蒙上陰影，不允許膽怯或抱怨的痕跡在自己的談話裡顯露出來。這至少證明了一種非凡的勇氣；他面對造物主最嚴厲審判時所展現出來的不屈不撓的品德，也許可以受到譴責，但決不應受到輕視，這就像紅螞蟻的勇氣。假如紅螞蟻要被弄死，牠就會猛地、竭盡全力地咬住殺害牠的那隻手，在狂野的憤怒中度過自己最後的時光。我在一部古舊的傳記裡讀過這樣一個故事：一位法國紳士，他被醫生判了死刑，而他又非常重視自己的名譽。他要在自己僅剩下的幾個月裡，以

與以往生活完全一樣的心境來度過，繼續保持著高貴的、冰冷的禮貌。無論多麼煩惱，他不允許疼痛干擾他，盡可能避免在自己不舒服時與朋友們會面；如果要會客，他也會展示出自己慣有的禮節。他的觀點似乎一直是這樣的，假如造物主選擇做一件好像輕率的、粗野的、令人不愉快的事，使他喪失豐富多彩的生命，他至少可以讓自己在高貴的行為方面樹立起一個好的榜樣。像他這樣一些人，靠的是一股不可一世的傲氣，無可置疑，這樣的氣質是高貴的。你會覺得，這種氣質在錯誤的通道裡運轉，因為它依賴於高貴血統和名門望族的家庭傳統；錯誤在於把這樣的繼承視為一種優勢，認為這是個人特權，而實際上，這畢竟只是上帝贈予的一個禮物罷了。某一些王子諸侯似乎本能地認為他們給予人類恩惠，是因為自己屬於上帝偏愛的群體，並且以固有的、不可動搖的自信察覺到自己優越的個人地位。不過，他們面臨死亡所表現出的平靜是一種優良品德，尤其是哲學家蘇格拉底和湯瑪斯．摩爾爵士[4]，他們的平靜屬於極其崇高的類型。在前一種情況下，它源於莊嚴的自豪感，而這種自豪感不能允許一個人在最悲慘時刻去做任何不值得的或卑鄙的事情。至於蘇格拉底和湯瑪斯．摩爾爵士，在他們臨死之際，對死亡

---

4 托馬斯．摩爾爵士（Sir Thomas More, 1478-1535），英格蘭政治家、作家、社會哲學家、空想社會主義者。代表作：《烏托邦》等。

前景的展望甚至剝奪不了他們的幽默感，這是因為他們不可思議的清醒頭腦和心智，能夠平靜地認識到這樣一個事實，即一個人無論是生還是死，受苦受難還是歡樂幸福，他都在上帝的掌握之中。我們實踐這種習性越多，我們也許在面對死亡時保持冷靜和尊嚴的機會就越多；但是即使是這樣，如果缺乏天賦的勇氣，無法果斷地關閉內心的一道道門，把痛苦而又虛弱的想像關在門外，那就不能達到這樣的境界。我們當中沒有哪個人能夠確信，疼痛的侵襲和死亡的來臨不會讓我們感到迷惑和恐懼，使我們變得怯懦；但是上帝，祂知道我們的弱點和力量，不會據此審判我們。以一個人在自己生命歷程行將結束之時的行為表現為依據，來判斷這個人信仰的活力和深度，也許沒有比這更大的錯誤了；一個敏感的、富有想像力的人，清白無私地度過了自己的人生，也許在生命結尾的黑暗時刻，因為恐懼而被征服、不知所措，可是另一種人，他們在生活中並不善良，他們自私，大部分時間只追求自己的樂趣，也許會以輕蔑的勇氣、一種不畏縮的禮貌向死亡做出最後的致意，毫不畏懼、沒有煩惱地穿過死亡之門下的陰影。

8 月 6 日和 7 日

　　我常常想弄明白，關於死亡的理念，東方國家是否真的像我們設想的那樣，與我們國家有很大的不同。他們對生命的把握似乎更虛弱一點，而且我猜想，氣候較熱地區的人們也許對壽命的預期結果較低，也不太講究生命的品質，以便減少對活力和活動的渴望，增加懶散和默許的樂趣。我們總是聽別人說，中國人不怎麼怕死，而且中國人的家庭收入很少，中國男人往往受人規勸，寧死也不可犯罪。

　　但是，現在出現了這樣一種理論，認為不必過分重視生命的價值，認可人們持有長期的沉默，即最後一次長眠的想法；這個理論徹底顛覆了我的理念，因為我們已經聽說了日本人在上次大戰中的行為。這樣一來，世界上就有了一個活力十足、進步迅速的國家，他們經過改革之後，吸收新思想，抱負遠大，舉國上下激蕩著高漲的政治熱情。他們似乎以難以置信的勇氣和奉獻精神參加戰爭，對壯烈犧牲這件事幾乎可說是熱衷。確實，為祖國而死也許是日本人心中最深刻的熱情，這不由使人想到雅典和斯巴達精神。我讀過一封日本母親寫給兒子的信。她的兒子是個士兵，信是在他的遺物中找到的。在信中，母親吩咐兒子勇敢去戰鬥，並表示希

望兒子不成功便成仁。然而，他們似乎不相信身分的持續；他們自信地期盼完全的獻身。我們傾向於把深奧的宿命論歸屬於東方國家，以為那裡的人們是從其中汲取勇氣的。其實不然，至少日本人的觀念並不是這樣；而是一種維護國家榮譽的激情，一種保護民族生存的責任感，所以赴死參戰也並非是在堅忍受苦，而是一種鮮明的、有活力的責任感的表現，是一種愛國主義，類似於深刻的個人之愛，只要獻出生命能為國家獲得利益，他們願意主動犧牲自己。這不是個體的善，局限於家的福利，而是對國家理想純潔和絕對的情感，別看我們也在吹噓自己的愛國主義思想，其實我們英國人在這方面差的太遠啦！當我們閱讀這些壯麗的、鼓舞人心的奉獻事例時，即使是「一個人奉獻出什麼才可以換取自己的靈魂？」這樣的話，似乎也會被一種自私所玷汙。日本士兵是以承擔維護國家榮譽的使命來換取自己的靈魂，不僅僅是堅決而勇敢的，而且還懷有一種信念，那就是他在用很差的東西換取非常重要的東西。即使像紐曼這樣神聖、虔誠的大人物也承認，拯救自己的靈魂是他最為關注的事情。「如果今晚我死了，我會是平安的嗎？」這個想法驅使他為了羅馬教會所擁有的一切珍愛的東西而犧牲自己。人們忍不住會想，日本人的精神比這更為神聖，因為世界上最神聖的，是驅使我們犧牲一切的衝動，不僅是平安和快樂，還有能使我

們為了偉大理想而理解這些事物的能力。一個人應該做什麼，《詩篇》為我們提供了一份很好的清單 —— 管好你的舌頭，追求平安 —— 如果他熱愛生活，他就會樂意看到好日子。但是，如果他寧願認為自己的國家偉大，甚至不知道是否真的偉大，死後躺在那裡，也不願看到任何好日子，那又會怎麼樣呢？

我們得知，日本人透過在學校和家庭實施並反覆灌輸一種高尚的武士（一種騎士制度）精神，才讓這一精神最終深入骨髓。但是，從心裡做好準備去渴望獲得並遵循、命令他們去實踐的這種精神，又是從哪裡來的呢？假如我們把這樣的制度引入公立學校，我們的實驗能獲得什麼樣的成功？沒錯，我們英國最優秀的年輕人養成了良好的、慷慨的、沒有怨言的性情，這樣的氣質，能夠讓他們在長期的戰鬥中，憑藉快樂無憂的勇氣和真正的純樸精神做到吃苦耐勞、忍受痛苦；但是，我們做得再好也比不上日本人做的。我們培養的是一種榮譽感、一種凡事滿不在乎的態度、一種苦中作樂的觀念。但是在我們士兵的心裡，所有的一切就是渴望快點回家，回到親人的身邊，回到熟悉的生活環境中，過著平靜的日子；而日本士兵在戰鬥的前夕躺下睡覺，心裡懷著明確的希望，那就是在明天的戰鬥中，他也許足以幸運地為國捐軀。這樣的希望寬慰著日本士兵的心，鼓舞著他們的鬥志，

而英國士兵，能安慰和鼓舞他們的希望卻是榮歸故里、回歸生活、回歸到愛人身旁。

當然了，這個問題也許需要我們的牧師、我們的道德學家、我們的心理學家仔細地想一想 —— 培育一個國家民眾形成這種自我犧牲和自我忍讓的高度熱情的可能性。我們似乎可以說的最好的就是，自重、自知和自制引導人們達到至高無上的境界。日本士兵似乎覺得，這些品格能引導他們獲得更好的東西 —— 雖死猶榮，不期望獲得歡喜的復活。作為基督教徒，我們也許相信，我們的觀點更真實一些；但是我抵禦不住這樣的想法，即另一個理念更為高尚，因為它喜悅和快樂地擊敗了要消滅的最後一個敵人。

8 月 8 日

　　對我以及像我一樣喜歡沉思的人來說，我認為最大的危險在於喜歡生活在回憶之中，而不是生活在當下。回憶能繪出一幅幅圖畫，就像有人在刻一尊雕像。作品完成之後，他清除所有的灰塵和碎片，收拾好所有的工具，而漂亮的雕像將被安放在宮殿走廊的鍍金壁龕裡，雕像上方飾有群星之冠。回憶為我做著同樣的事，一切都是無意識地，不用在意志方面做什麼努力；回憶能將所有的沉悶時光一掃而空。痛苦必須是劇烈的，那樣才會被記住，而每當回想起那持續的痛苦時，都會令你一陣發抖；而在沉悶的日子裡，美感產生的單一刺激，你的記憶又該如何銘記！

　　我記得一年前某個陰沉的日子，我不得不去倫敦辦事，事情辦得很不順利，這讓我感到煩躁和厭倦，離開時我看不出有什麼辦法能解決問題。大約在太陽落山的時候，我乘坐的火車經過一個村莊；不遠處，越過一片霧濛濛的草甸，在高大的榆樹叢中矗立著一座古老的教堂。所有的樹看上去都是昏暗的，在模糊不清的光線裡逐漸失去自己的顏色，但是塔的西側披上了淺淺的玫瑰色晚霞，那是落日的最後光輝映照在塔身上。後來，我常常會帶著一種隱祕的樂趣回想起這

個景色；我已經忘掉了那一天的沉悶負擔 —— 至少想到這一點不再讓我心煩意亂，情緒低落 —— 然而，記憶中的那座古塔，在晚霞的輝映下，如同可以回憶的快樂，留在我的印象裡。古代寓言裡的忘川，也就是遺忘之河，流淌在生與死之間的田野裡，據說靈魂喝了忘川的水就會忘記自己的傷心事；但是頭腦本身卻忘不了，而回憶之河則是眾多「使神的城歡喜」的溪水之一。一個人往往可以忘記自己的麻煩事和焦慮的事，也可以忘記自己的罪，人們忘不了的是因為刻薄和疏忽使其他人、那些愛我們的人承擔的痛苦。一個人常常對此抱著徒勞悲傷的遺憾；唯一的療癒方法就是與那些親愛的人相見，微笑著請求他們的原諒。

在性情方面另一個奇怪的現象是，人們很快就會厭倦痛苦，甚至厭倦快樂，但是從來不會厭倦幸福。幸福時光持續的時間越長，人們越不情願讓幸福終止。這些想法讓我有了最可靠的希望，那就是保持任何事物都有不朽的聲名。本性讓我們生來就不懈地追求幸福，那麼快地忘記疼痛，對我們關心之人的愛那麼忠誠，所以更難讓我相信，我們會沉入寂靜和虛無狀態，反而更加相信，我們能遇到我們親愛的人，而且我們能延續幸福 —— 在遙遠的什麼地方；不管上帝的意志會何時開始啟動，我們似乎對幸福已有準備。

我有時會想，生命就像是懸浮在音樂裡，其本身就有種

8月8日

不協調的調子。它充滿了期望；靈魂站到了邊緣，等候著判決；然後滑向偉大的甜美和絃，以至最終我們長眠於完美的和諧之中。

8月9日

　　確實，一個獨居的人，如果不是父親，也不是丈夫，就沒有機會從最重要的方面接觸生命，也許也不能很好地理解與世界有密切關係的東西。但我不認為父愛是種強烈的本能。父親對嬰兒的愛是一種複雜的情感。我還不確定，父親是否真的愛自己剛出生的孩子，也許主要是看在孩子母親的份上；部分原因還在於這樣一個事實，即孩子的出生能夠或者往往能夠延續家族，血統 —— 一種驕傲，決不只限於財產的繼承人。不管怎樣，父親對孩子的愛是出於本性，而不是個心理過程，含有想像的成分和道德因素。與做母親的不一樣，這不是一種深深的身體本能；女人懷孕時所擁有的極度神祕、近乎完美的渴望和無比的喜悅，男人是體會不到的。男人在感覺自己就要成為父親時，情感裡混雜著驕傲、同情和責任等情感，這一點與做母親的完全不同，她們是緊張、無理性的、自然的愉悅。我有時想到，接受信仰對一個女人來說是件較容易的事，其原因就在於信仰在很大程度上與愛有著密切連繫；與男人相比，對女人來說，深深的愛非常有必要。毫無疑問，在她心裡有著某種本能的愛，能夠回答許多男人試圖靠理性來決斷的問題。對女人來說，她的孩子在

8月9日

很大程度上是她本人的一部分。男人通常能感覺到自己的獨立性，而女人卻沒有這種感覺；所以女人，一旦有了自己的孩子，就不那麼渴望確保自己身分的延續，因為她覺得，從某種意義上講，只要她的孩子在她死後繼續活著，那麼她就等於沒有死。同樣，有了孩子的女人能夠意識到與生命的直接結合，而男人往往沒有這種本能的感覺。愛情和婚姻帶來的那種生命延長的感覺，比別的任何事情都更靠近男人，但這仍然是想像的過程，不是本能的過程；實際上，愛情在男人的生活裡常常是驚奇的一段插曲，而不是一種永久的氣氛，當激情消失，孤獨身分的感覺便會以新的、強大的力量重新出現。

那麼問題在於，一個人是否有可能具備與任何別的靈魂直接結合的感覺，無論是人的還是神的 —— 我所說的結合感遠遠強於直接關係。所有年代的神祕主義者都曾教導過人們，直接與上帝結合是有可能的，但是我認為在神祕主義者當中，說與男人相比，女人更經常、更有力量獲得這種體驗，還是真實的；那麼問題就來了，這是否不是人類本能的一種轉換，不是通常能在丈夫或孩子那裡獲得滿足感，而是一種愛的轉換 —— 這種天性無論多麼無意識地加以運用，是否也不能被轉換成某種想像力，去和上帝結合？我的意思是說，一個女人，如果沒有愛人或孩子，也許仍然會迫切地意

識到愛的力量，並願意接受這種力量的約束，儘管不知道目標是什麼，所以女人不能相信不存在著某種配對對象，即能滿足自己心靈飢渴的某種生物；她們渴望目光的對視和回顧，急切地將心靈向未知的配對對象傾斜；而這種本能，如果在塵世尋覓不到稱心如意的另一半，其本身就會集中於尋找世界背後的力量，熱情地信奉人神同形論。許多事情是無法得到證明的，這就是其中之一，因為對一個人來說，孕育對某種事物的強烈情感是非常有可能的事，那是他自身想像的產物。即使一個人，如果喜歡自己所鍾愛的東西，常常會從各種性質方面加以讚賞，而這些性質其實並不存在；如果這些性質只存在於他自己的想像裡，他就會更加熱誠地喜愛自己所愛的。事實上，也許可以這麼說，對任何事物強烈的愛，都並不能證明這個被喜愛的東西實際存在。

正如我說過的，在很長一段時期裡，我自己偶爾感覺到了與上帝的直接結合；但這不是一種永恆的感覺；儘管我有信心，也確信不疑，而且我的自信足以抵禦那個時候極端的懷疑論，可是我卻常常感到困惑，與上帝直接結合的感覺是否真的存在；如果真的存在，那麼這樣的感覺似乎是不容置疑的，是真實的，極少有別的感覺能達到如此強烈的真實程度；接下來，我覺得自己越來越想知道，這也許不是某種暫時和諧、自然的平衡，需要調整自己的身體因素和智力因

素,才能使你產生與世界之心和諧一致的感覺。

　　但在任何情況下,無論我的身體狀況怎樣,我也會努力突破封閉我靈魂的藩籬。生活的真正恐怖是寂寞和孤獨,遠遠超出了所有其他種類的恐怖,我們當中似乎有很多人過著這樣的生活,另一種恐怖就是害怕我們也許不再生活在這個世界。對我們遲鈍的、黯淡的感覺而言,其他的靈魂似乎像我們現在這樣遊蕩在荒原上;一種巨大的力量似乎籠罩著世界萬物,吩咐我們真的不能忽視上帝的存在,但是在有能力遠離祂的時候,我們很可能繼續過著我們孤獨的、自我沉醉的生活。我們所渴望的是衝破禁閉我們的外殼,與其他的心相連,與永恆之心相連,而不是把短暫的一生局限在束縛我們的狹窄的小屋裡。我們應當能夠把自己與其他人的存在連接在一起,不僅僅是靠姿勢和手勢、說話和目光,而是靠某種至關重要的本質和身分的融合;如果我們能感覺到自身與神合一,神與我們合一 —— 不僅如此,如果對這樣的結合的可能性存有某種希望,也就沒有了我們無法忍受的疼痛和痛苦。即使有,也只是忍耐一段時間;我們是否不會被迫處於這種嚴酷的精神孤寂狀態之下?這種自我實體本身是否不會終止存在?這樣模糊的猜疑一直困擾著我們,使我們打心眼裡大惑不解和毛骨悚然;就像波紋,隨著微風輕快的腳步在沉默的湖面形成一道道漣漪,然後又恢復了平靜,彷彿從未

有風颳過 —— 僅僅是原子的集合,某種不被注意的自然規律的表現罷了。

8 月 10 日

　　我可以肯定，如果我們能夠下決心，坦白地承認這個世界存在著罪惡，我們就能在思想和精神方面更強壯一些；我這麼說並不意味著我們也許可以預設自身的錯誤；但是我們不應該由於這些錯誤而導致悲劇，導致絕望的痛苦；你必須像看待雨天那樣看待罪惡，高高興興地、理智地與罪惡抗爭；明智的醫生不會把時間浪費在憐憫患者身上，不會停在那裡思考患者為什麼會疼，而是立即採取最簡單快捷的措施減輕患者的痛苦。蒙住眼睛，試圖相信罪惡並不存在是沒有好處的；在懲處其他人身上的罪惡時，我們必須努力認識到，那常常是一種不正當的活力，濫用力量的結果；我們必須努力找到健康的管道，將這種惡的力量釋放出去。與我們自身的罪惡抗爭時，我們應當耐心地、平靜地去面對罪惡；不要累積舊有的恐懼和常犯的錯誤，不要預先考慮並滿足連續不斷的誘惑；我們很快就會知道困擾我們的缺點；我們必須努力組織自己的生活，這樣也許才會盡可能地形成抵抗誘惑的有利條件。我們必須努力從病理上而不是情感上去解決罪的問題；真正可怕的是我們隨波逐流，對罪惡溫順的默許；我們需要確信自己能征服罪惡，而且有足夠的時間，這才是最為

重要的。宗教信仰者正是在這一點上犯了個錯誤，他們把罪惡視為可怕的事情，擔憂人類的邪惡強行入侵非常仁慈和純潔的社會結構。自我保護和繁衍後代的本能是形成我們罪惡的根本原因；誰敢說這些本能不是上帝賦予我們的？善的背後有祂，惡的背後也有祂。在我看來，基督對這一點的認知遠遠超過了大多數牧師所承認的。祂像與正直的人們在一起那樣，坦誠地、溫和地與有罪的人生活在一起；祂似乎已經想到並教導人們，罪惡的危險與自滿自得的危險相比實際上差不了多少；上帝認可並被祂選中的人們都是那些特別渴望善良、和平與美好的人，無論他們曾經多麼卑鄙地墮落過；上帝的譴責和判罰是嚴厲的，能使人萬分驚恐，但那只是針對一些鄙視有罪的人、感到安逸無慮的受人尊敬的人們。只要一個人沒有放棄純潔和真實的願望，這個人就沒有迷失；一個人永遠也不必在跌倒的時候絕望；一個人什麼時候應當絕望，他就會開始贊成誠實和公正，順利地將自己與別人進行比較，計算著自己的貢獻。

有兩個古老而又美麗的故事就表現出了很好的道德意識。第一個故事的主人公是扎卡里·皮爾斯主教[5]；他擁有很多優先權，是一位非常受人尊敬、有道德的人。彌留之際，

---

5 扎卡里·皮爾斯主教（Zachary Pearce, 1690-1774），擔任過愛爾蘭班戈主教和英國羅徹斯特主教，曾為約翰·米爾頓（John Milton）辯護。

他的臉上露出了笑容；身邊有人問他，是什麼給他帶來了如此的天賜安詳，這位善良的主教平靜地說道：「享受自己光輝人生的感覺。」

第二個故事的主人公是偉大的巴特勒主教[6]，一位真正具有獻身精神和自我節制意識的人，臨終前躺在床上，臉上露出了極度痛苦的表情。陪護他的一位教士見此情景，大著膽子問道，是什麼使他這樣悲痛。巴特勒主教斷斷續續地說道，他一輩子都在實踐為基督服務的願望，既然現在就要死了，一種可怕的恐懼感在困擾著他。主教說：「我不能相信，上帝會為我而死。」教士感到困惑，找不出任何能安慰主教的說法；但是教士沒有試圖提醒主教他所有的無私奉獻，只是引用了一句詩：「他來到我這裡，我必不丟棄。」主教臉上的痛苦表情逐漸消失，他低聲嘟囔著這句詩，很快就離開了。

我覺得，在生命行將結束的悲哀時刻，人們寧願像巴特勒那樣哭泣也不願意像皮爾斯那樣微笑；人們寧願背上失敗感的包袱，也不願意勇敢地以功成名遂的自豪感走向死亡。

---

6 巴特勒主教（Joseph Butler, 1692-1752），英國主教、神學家、哲學家。他的思想和作品對後期的哲學家大衛‧休謨（David Hume）、托馬斯‧里德（Thomas Reid）和亞當斯密（Adam Smith）都影響頗深。

8月11日

　　在這些悶熱的夜晚裡，我的窗戶一直是敞開的；當我躺著睡不著時，我常常想知道我聽到的都是些什麼奇怪的聲音，嘆息聲、遠處的叫喊聲、東西掉落在地上的聲音、樂曲聲、倦怠的轟鳴聲。如果你想知道，這些聲音都有來源。多數聲音其實是一些很小的噪音，可是似乎離我又很近，在我無法安靜下來的頭腦裡轉換成遠處傳來的吵人的噪音。昨天夜裡我聽到一陣音樂聲 —— 完全聽不出來是什麼曲子。假如我迷信的話，我也許會認為這預示著我的死期將至，但是我不迷信。這些聲音，與其他聲音相比，一半的美存在於幻想，能使人回憶起與之相對應的場面。花園裡的冷杉在黎明時分的微風中沙沙響著，像是海水落潮的聲音；接著在我的幻覺裡浮現出一片金色的沙灘，或者是一個岩洞，裡面是半透明的、寶石般的鮮綠色海水，輕輕地拍打著險峻的峭壁。或者從花園的小徑上傳來一聲輕微的嘆息，讓我想到徘徊在森林裡的仙女，光著腳站在草地上，因不知道自己的黑眼睛在看什麼而感到悲哀，一幅哀怨淒慘的模樣。

　　我似乎不能製造這些幻想；它們是不請自來。這些幻想使我困惑，我很想知道尋求美的本能是什麼；因為一個人產

生喜悅之情的美好想法，似乎與這個人的物質滿足感沒有什麼關係。這種願望深藏在心裡，其程度超過任何追求舒服、安逸或身體快樂的希望。

昨天晚上，我看到蒼白的黎明曙光柔和地出現，映紅了天空；下面是一片寂靜的森林，枝葉上結著露水。我期待著從所有這一切獲得的身體滿足是什麼？什麼也沒有！然而這樣的景色就像是甜美純潔的音樂，讓身心疲憊的我感受到了柔情，直到像個孩子那樣幸福地睡著了，我已經很長時間沒有過這麼好的睡眠了。

8月13日

　　涉及到對死亡的見解，奇怪的是，癡迷於遐想的頭腦一直考慮的要點，是令人那麼感傷、帶給人深刻的印象，但實際上又是那麼非物質的。記憶裡最讓我心碎的事情，就是我父親去世時，我們不得不拆除自己家的老宅子。父親是位做事很講究方法、非常嚴謹的人，為了預防最不可能發生的意外事件，他會做出上百個小安排；他預備了很多小東西，例如細繩、盒子（雖然從未需要過）、整理檔案的夾子、分類書的標籤、口香糖的包裝紙等，這其中一半的樂趣在於計謀的獨創性。整理父親遺物的時候，所有這些小玩意都不得不粉碎掉，紙片被撕了下來，書被賣了；他最喜歡的家庭書房不得不騰空。我心情沉重地在屋子裡搬東西，覺得自己像是個殘酷的背叛者，不禁失聲痛哭起來。

　　所以，假如我在城內的小房子裡住了很長時間，雖然住得很不舒服，可是從每一個角度看，我的性情似乎已經適應了這裡的一切，就像常春藤爬過了一面牆，如果我自己的死亡就發生在這裡，我也需要仔細考慮 —— 房間裡所有的擺設都會被無情地清理出去，然後被遣散一空。然而，我為什麼要在乎呢？如果我能在精神上繼續存在，我不再留心的東西

就是生活裡堆放在我虛弱身體周圍的破爛家具；如果我活不下去，這些東西還有什麼要緊的呢？我很想知道，就這樣堆放在老屋子裡的書籍，掛在牆上的名畫為我帶來了怎樣的款款柔情？怎麼說呢，是主人賦予了這些物品個性；而且我覺得，假如我的精神就這樣存活下來，能夠認知世俗的東西，見到我喜愛並做過批注的舊書躺在灰塵裡，封皮都沒有了，或者被擺放在舊書攤上等待出售，我仍然會感到悲傷。我可以肯定，這是虛偽的悲傷；然而，這樣的情感又是如此深深地紮根於人們的心中，形成了甜美而又親切的依戀，所以很難說這意味著什麼；如果我們能夠找得出來，這也許象徵著某種需要永久去愛的東西。

8月 14 日

我認為，正是正常生活的中斷，患病帶來的限制，才使我堅持不懈地深思我過去生活裡那些戶外活動的場景，這一切我都是那麼熟悉。奇怪的是，大腦並沒有選擇難忘的場景去深思，而是專揀最簡單的、最平常的地方，而實際上這樣的地方我幾乎不知道它還保留在我的記憶裡。今天一整天，一次又一次地，我一直被某個大門的場景困擾。在低窪的山地上，寧靜的田野裡矗立著一扇大門，它居高臨下，以寬闊的視野俯視著面前一大片沼澤地。以前有段時間我常常來到這裡狩獵，因為那個地方特別隱蔽，離公路又非常遠，也沒有什麼小路通向那裡。

我今天看到的這個場景，就像我在秋收結束後常常看到的情景一樣，到處都有莊稼收割之後留下的大片殘茬，灌木林染上了黃褐色的秋色，別的植物裡的白蠟樹，則展示著青綠色。一條長滿荒草的土路，被車輪壓出一道道車轍，通向大門。我想，在外出打獵時我一定曾經站在過大門的對面。但是，正如我所說，我無法將什麼事件與這扇大門連繫起來，而且我甚至不知道，此景還會如此忠實地潛伏在我的頭腦裡。我今天看見這一切的時間，正是日落時分；西邊的天

8月14日

空上，大片的玫瑰色雲彩淡淡地閃現霞光。大門敞開著，似乎不耐煩地等待著什麼人走過，好像那回鄉的貨車，上面裝滿了一捆捆東西，堆得很高，由馬拉著一路叮叮噹噹，很快就要穿過大門。一隻孤獨的鳥，一隻鴿子，高高地飛在天上，慢慢地、心無旁騖地飛向一片樹林。這隻疲倦的鳥，在寬闊的田野上盤旋了一天以後，平靜地穿過最後的暮光飛回鳥巢，在自己熟悉的樹林裡棲息，這情景對我來說，總象徵著一種絕對的寧靜。在我看來這就是一個美好的寓言，疲憊的精靈返回家中，整晚棲息在高高的樹枝上，時而一陣微風吹來，寂靜的田野籠罩在黑暗當中。天色朦朧，我是不是也在回家的路上？我不知道。但是，假如我能如此沉著而又自信，渴望休息，伴著垂死之光一路向家走去，那該多麼幸福啊！夕陽西下，緩緩墜向地平線，平原大地上，似乎到處都是霧濛濛的；但是在我的思緒裡，白嘴鴉仍然在府邸高大的榆樹上方盤旋；影子拉長；孤獨的鳥仍然趁著蒼茫的暮色，高高地在天上飛翔，耐心地撲打著翅膀，保持方向，以某種忠實的本能，飛向自己的棲息地。

8 月 16 日和 17 日

　　今天，我的思緒一直受到困擾，幾年前我非常熟悉的一個地方總是在我的腦海裡浮現，揮之不去，令我感到十分奇怪，可我又感覺不到自己的意志力能讓我做出決斷。這個地方位於蘇格蘭偏遠地區，是一片沼澤地，上面長滿了杜鵑花、金雀花和蒼白的葦草，不遠處就是大海；陡峭的岩壁從沼澤的邊緣向下延伸至大海，海水與岩礁和海岬碰撞，發出巨大的聲響。在岩壁最陡峭的地方，矗立著一座飽經風雨侵蝕的古城堡；城牆特別厚；壁架上長滿了荒草；海風吹過扶壁和破碎的窗戶，發出淒慘的尖叫。這個地方如此破舊和崎嶇，彷彿不是建造的，而是在懸崖上開鑿的一個城堡。大量的鷸鳥在沼澤地繁殖，一想到這個地方，我就會回憶起那隻羞怯的鳥憂鬱而又甜美的鳴叫；那叫聲，還有下面湧動的海浪聲，不時傳來，很有節奏，每暫停一次之後，就會落在卵石上，發出聲響。眼前寬廣遼闊的大海，就像大理石鋪成的地板，飾有奇特的條紋和波紋，滿是一片片紫色的斑駁；可以看到幾艘漁船慢慢地、踏著層層波浪前行；向西很遠的海面，你能看清沉默的、快速行駛的帆船，或者遠洋輪船冒出的長長的煙；向下在大海的邊際，如果天氣晴朗，你還可以

隱約看到愛爾蘭海岬和山脈的輪廓。

這個地方 —— 荒涼、無人居住、飽經風霜，照現在的樣子，看一切都是那麼冷冰冰的，除了在石楠花或金雀花盛開的時候，這裡有了一些生氣 —— 對我來說總是有著特殊而神祕的魅力，一種平靜的孤獨，一種令人生畏的寂靜。關於那裡的荒蕪，沒有什麼是險惡的 —— 相反卻是可憐和悲哀的，表面上的任何亮度和豐富程度都不能振奮人們的精神狀態，然而這裡卻具有勇敢而富有活力的生命。荒廢的要塞令人將這裡與人類的蹤跡連繫起來；你會感覺到，曾經有人在那裡過著堅強而嚴峻的生活；你會想像得到，要塞城堡的窗戶在冬夜裡，是如何閃爍著跳躍的火苗和熊熊的火炬。

這片土地能讓人回憶起很多古代戰鬥，還有敵對首領之間的衝突；毫無疑問，這裡的那座黑塔見證了一些奇怪和悲傷的事件。你能想像得到，某支被打敗的隊伍垂頭喪氣地回來了，前頭一匹馬輕輕地帶著路，馬背上裝的什麼東西搖搖欲墜 —— 馬的主人早晨出發的時候還是很快樂的；你可以想像得出，高高的窗戶裡有人在往外凝視著，那驚恐的目光裡充滿著愛意，幾乎不敢相信發生了什麼事。這座要塞也曾受到過形式嚴峻的圍困，不止一兩次。濃厚的煙火從城堡上升起來，一個圈一個圈地飄向陸地，矮護牆冒出了火苗。與此同時，絕望的俘虜和武裝士兵邁著沉重的步子，驚恐不安的

婦女、困惑的孩子，成群地被驅趕到荒野上。這裡也見證過溫柔的事情；年輕的愛和新娘的歡笑；這裡也曾迴響著孩子們的歡呼聲，也曾是那些被遺忘的心永遠愛著的家鄉。

對一個人的精神而言，某些地方所具有的親緣關係真的是令人奇怪。今天一整天，當我坐在那裡看書和談話時，我似乎正在穿過荒野，或者坐在荒野中間，那裡有一條山泉水形成的淡棕色溪流，粗啞地穿過多石的峽谷流向大海。當暴風颳起海浪衝擊著峭壁，發出隆隆的轟鳴聲時，我常常站在山谷向海的另一端遠眺，望著落水倒流向岩壁，噴湧著黑色的泡沫。這個念念不忘的荒涼之地對我來說，通常像是我自己生活的一種比喻，有點一貧如洗、無家可歸、風吹雨打、無人關注的感覺。在我看來，人的生活通常充滿著溫暖和富裕，就像牧場上的家園，高高的樹木擋風遮雨，緩緩流淌的溪水唱著悅耳的曲調。我自己的生活似乎沒有什麼價值，慘澹無望；我曾接觸過許多人，但是關係密切的卻沒有幾個。我莫名其妙地沒有體驗到與生活交織在一起的、那種豐富而有內在的生命意識，家園的感覺。我已經知道要去愛什麼，卻不知道什麼是其他的人生活中不可缺少的。就像在幾個星期之前那樣，當我站在黑暗的死亡門前，儘管有點殘酷，但這種感覺似乎具有某種安慰的作用。我不覺得周圍有人向我伸出溫暖的雙手，把我抱緊，只是我不敢鬆開他的擁抱；然

而，我倖免於臨死的掙扎，不然，如果可以的話，我倒願意去體驗一下。我寧願沉入我的安息狀態，透過迷濛的雙眼努力在幾張臉上捕捉最後一絲愛的光芒，那些臉也許是我自己臉的一部分。身處異域，無家可歸的境地似乎殘酷地展現在我的面前；我本來也希望感覺得到，自己應該在黑暗大地的另一邊，等候著那些我愛的人加入。我曾非常深情地愛過這個世界；我熱愛這裡的樹木和房屋，田野和山谷，陽光明媚的日子，壯麗的落日，連綿的雨天 —— 這種愛的深度和親密程度勝過我給予同胞的愛。這樣，回顧我不幸的遭遇或我的錯誤，我就能感覺到，我稀裡糊塗地錯過了生活的最好時光。我曾在這個世界裡，但是我不屬於這個世界。然而，我覺得，就像悲哀的詩人寫的那樣：「顫抖的心弦能證明」——一切本不應該如此；隱藏在迷霧中的某種力量已經移走了我本應該去愛的東西；然而我的生活曾充滿著幸福，我不願意離開這個溫暖、可親的世界。但是，既然我已經從黑暗之門的邊緣返回，隨我回歸的還有一個希望，那就是我比較喜愛的東西也許仍然在等著我。磨難一定會是急劇和痛苦的，與其孤獨地邁向那道門，倒不如鬆開顫抖的雙手，因為那會耽擱我們，因為我們的愛與我們的生命交織在一起。

在我寫下這些文字的時候，我的思緒仍然回到了野外荒地。我聽在草叢裡低低私語的風聲和從看不到的地方傳來的

海浪聲。我再次聽到麻鷸發出的微弱叫聲，牠們時而向上，時而向下，盤旋在石楠花叢上。鳥兒們在相互呼喚。每一次微弱的叫喚都會使牠們更加靠近，一對又一對。我自己悲哀的呼喚能否也喚起回應！就在此刻，這些鳥兒們睜著明亮的眼睛，收起溫暖的翅膀，聚在一起躲風避雨，度過黑夜，等待灰色的早晨喚醒荒原，陽光開始照耀著峭壁、田野和殘牆。

8 月 18 日

　　這是一個令人愉快的日子，我第一次能夠爬下樓梯，平靜地坐在扶手椅上，聽聽音樂。我妹妹鋼琴彈得並不是特別好，但是音符彈的很準，有著寧靜、精緻的味道。簡樸的老曲子，例如史卡拉第[7]、柯賴里[8]、巴哈等大師的作品，就我目前的心境來說，是我最喜歡的了。後來的有些大師的音樂作品，似乎帶有病態心理，我不認為自己能夠接受得了。但是這些老的加沃特舞曲和小步舞曲能夠將某種陽光反覆地投射在空氣當中，使昏暗的日子有了生氣，就像溫暖的壁爐火光在椅子和牆上跳躍，這讓我感到無比滿足，給了我超乎美妙的夢想，用一種平靜的喜悅提升我寧靜的情緒。輕快的音符、和緩的樂句、有序的進行曲、完美的結尾，這些旋律就像口渴的人遇見了甘冽的井水一樣使人感覺到興奮、幸福。然而，所有這一切是如此完全無法解釋！這些有序的聲音震動，是如何利用其特有的力量感動著我們的心，讓我們有了

7　史卡拉第（Giuseppe Domenico Scarlatti, 1685-1757），義大利那不勒斯王國作曲家、羽管鍵琴演奏家，被認為是巴洛克作曲家。

8　柯賴里（Arcangelo Corelli, 1653-1713），巴洛克時期最具影響的義大利小提琴家、作曲家。音樂史上人稱「現代小提琴技巧創建者」、「世界第一偉大小提琴手」及「大協奏曲之父」。

說不清的喜悅？宛如天上的歡笑？在所有的藝術形式裡，音樂是到目前為止最為神祕的，因為音樂所喚起的不僅僅是回憶，也不僅僅是所勾勒出的畫面。音樂本身有其起點和終點。然而，這些樂句就像是有生命的，像是黑暗的路上閃現的火花；每一樂句都有其完美的個性，像是唱詩班的精靈，讓我滿足於自己的歡樂。讓我不要就此試圖刺破表象；儘管表象背後的奇妙之處，在很大程度上令人歡樂。

8 月 19 日

今天我一直在屋外的草坪上坐著；他們還不允許我行走，而是用椅子把我抬了出來。昨天夜裡我睡得非常不好，斷斷續續地做了好多夢。我夢見了很多人，與他們聊天說話。我在奇異的風景裡漫步，高聳的黑色山脈下面是森林山谷。我看到一條寬闊的、琥珀色的大河，足有幾英里寬，河水在懸崖處形成巨大的瀑布，傾瀉著湧入一條狹窄的河谷。瀑布以一種雄偉的氣魄一落千丈，但是它在夢裡卻寂然無聲。慢慢地我恢復了意識。我的房間有扇紅色的百葉窗，上面掛著窗簾；但是窗簾和百葉窗在頂部並沒有完全重合，結果在清晨，露出的縫隙看上去像是一把紅色的劍身。這把劍在我最近幾個月的生活裡發揮了多麼奇特的作用。當我生病發燒時，它在我眼裡就像是握在天使手中一把燃燒的劍，只是天使離我非常遠。今天早晨醒來，我還在想那是什麼，突然一股喜悅之情衝入我的心田 —— 恢復健康的喜悅。對我來說，早晨醒來常常是我感到憂鬱和悲哀的時刻。錯誤似乎不能挽回，希望似乎化為灰燼；但是今天早晨我卻是非常平和、非常歡愉地躺在床上，而且這美妙的心情陪伴了我一整天。

他們把我挪到花園裡，我的心情依然不錯；我不想看書

或說話。我只是好奇地四下張望。園丁已經修剪過這片草坪，我的身邊就堆放著一大堆草，散發著芳香。花草和樹木都是迷人的；草葉上掛著晶瑩的露水，灌木叢裡飄來一陣清爽的氣息，充滿著濃郁的泥土味道。我常常感到困惑，這樣的場景為什麼如此讓人感到輕鬆愉快。不是像花香那樣的令人好奇的甜蜜味道；它帶來的是那種即將枯死的樹葉、和要腐爛的樹枝所散發的芳香；但是具有令人陶醉的新鮮，「原汁原味」。這能是對未開化、野蠻的祖先的一種傳承嗎？清晨，聞著樹林的氣息，我們的半野蠻人祖先穿著粗陋的衣服，手裡拿著長矛，輕鬆愉快地外出狩獵。我常常覺得，我們內心最深處的一些本能，就是起源於非常遙遠的古代和非常原始的環境。例如在文明的歲月，打獵的樂趣，殺死獵物獲取肉食的樂趣，就與打獵所獲得的利益完全不成比例。當你用獵槍把鷸鴣打了下來，滿足感荒謬地超過成就感。我敢說，這是一種非常古老的樂趣。

我坐在那裡，一隻有著明亮的眼睛和光潔的胸脯的知更鳥，來到我的身邊，圍著我跳躍著，豎起羽毛，不時地發出清脆的尖叫聲。我猜想，實際上只有愚蠢的勇氣才使牠如此大膽；但是很難想像這隻鳥沒有意識到我對牠飽含深情的喜愛，也就是我對溫柔的、警覺的、無憂無慮的小動物的同情。我要來一片麵包，揉碎了，搓成小粒，輕輕地拋給牠。

8 月 19 日

知更鳥小心地叼起食物，飛到灌木叢，仔細地研究起來。妹妹告訴我，她確信知更鳥有其精心劃定的活動區域，有其統治力的範圍，禁止其他鳥闖入。我妹妹向前走著，把手裡的麵包渣拋向更遠一點的區域來引誘知更鳥過去；為了方便牠不受干擾地過去吃食，我們與鳥保持著一定的距離；但是當牠剛越過界線，這個區域的頭領就怒氣衝衝地抖動著翅膀撲了過來，把這隻知更鳥攆出去。這些鳥真的讓人感到十分奇怪。牠們似乎在某些方面是那麼聰明，而在另外一些方面又是那麼愚蠢。其次，人們不能與牠們進行交流，哪怕是最低程度的交流都不行，除非能讓牠們養成某種不畏懼人的性格；然而，儘管牠們無以回報，人們對牠們的喜愛之情卻是非常真實的。人們談論動物似乎沒有理由，只不過是盲目地出於本能。我敢肯定，鳥兒們確實能夠做出推論；但是牠們的心理過程完全是莫名其妙的。我很想知道，牠們能意識到自己的本身、自己的身分、自己與其他生物的不同嗎？牠們應該很了解自己的同類，與同類在一起牠們感到很安逸。

一隻鳥的生活！能夠在任何時候飛離地面，躍上天空，俯視大地像是在看一幅地圖，想像一下那該多麼快樂啊！我們誰的眼睛能看到樹梢？而鳥能看到；當大鳥張開翅膀在風中拍動時，飛得是那麼穩當，不會頭暈眼花。當然，我們人類已經發現了很多比飛行更奇妙的事情，但飛行是最奇

怪的，而且每一天，我們周圍都有數百萬的生物在實踐著飛行，似乎沒有與此非常相似的技藝。電報、蒸氣機和攝影──如果你向羅馬人描述這樣的東西，他肯定會衝著你大笑；這些東西在他看來是愚蠢故事裡最沒有意義的；然而，如果哪個先知告訴他，人類很快就會像鳥兒那樣學會飛行，他似乎毫不懷疑，信以為真；事實真相是，我們不能天真的以為自己預先知道將往何處去，我們要行走的路早已為我們鋪好了──我們談論所有這些祕密的發現，而我們祖先談論上帝的啟示；然而，對這些大自然的祕密的揭示，對上帝思緒的密切調查，遠不僅僅出於極大的不尊，而是以病態的心理證明古老神蹟的紀錄。可是，我們以深沉的憂患意識考慮和討論這些古老的故事，卻以愚蠢冷漠的態度看待這些新的奇蹟。唉，我們並不比知更鳥聰明多少！

8 月 20 日

　　多麼奇怪啊，不是嗎？傳統觀念和自由聯想使我們害怕死亡，這其中的一部分是恐懼的一部分，由此產生的恐怖心理是空洞的和徒勞的 —— 對僵硬遺體的最後告別，葬禮的場面，讓人產生可怕聯想的棺材形狀，棺木的下葬，死亡的徽章 —— 看不見的，咧嘴的頭蓋骨，破裂的骨頭，離開的靈魂至少與這些東西沒有任何關聯；然而，一想到哪一天我們同樣也必須忍受這樣醜陋的儀式，我們就充滿沮喪，我們就會讓自己驚恐得很。回顧往事，我至今記得多年以前，我在生活當中頭一次見到這些事情的場景。那時我還是一個上幼稚園的孩子；我們跟隨老師散步時，看到幾輛四輪馬車排成肅穆的一列，靈車按照那個時候的習俗裝飾著兩排不停抖動的黑色羽毛，停在一幢房子的門口 —— 正當我們打門前走過，一些人笨拙地將油光錚亮的棺材從樓上抬下來，然後推上靈車，那場面真的挺恐怖。那裡聚集著一小群臉色蒼白、脫帽肅立的人，他們凝視著靈柩。喪失妻子的那個男人出現在門口，臉上充滿悲傷。接著，送葬的隊伍在親屬和僱用的送葬人的簇擁下緩緩出發。對一個小孩子的想像力來說，這是根本想像不出來的、最可怕的場面。馬頭上的頂飾和靈車上的

黑色羽毛全都飄動起來，就像是一夥幽靈在進行精神交流，黑色的四輪大馬車，蒼白的臉色和凝重的目光，捂在眼睛上的手帕——難怪那個場景就像令人作嘔的惡夢一樣，困擾了我好幾個星期。

這些儀式和習俗完全是粗俗、野蠻的，我們應當把這些東西從我們的生活當中驅逐出去。尤其是對孩子，如果處在易受影響的青少年時期，這樣的舉動是令人厭惡的殘酷行為。在孩子面前，死亡的祕密至少應當像出生的祕密一樣，用什麼託辭遮掩一下。一個孩子來到這個世界，那是私密的事情。直到在歡樂的時刻，有人領著孩子去看自己新出生的弟弟或妹妹，他在此之前幾乎不會想到自己期待的是什麼，要麼以為是天使送來的，要麼以為是從花園樹叢裡撿來的。同樣，死亡的神祕也應當以適當的方式加以遮掩。遺體應當隱祕地從屋子裡抬出，然後埋葬，讓逝者入土為安，周圍不要有圍觀的群眾。遺體已經有了可怕的、悲哀的變形，如同僵硬的白蠟像，可是吩咐人們最後看一眼逝者、跟隨遺體前往墓地的習俗從野蠻時代起就一直殘存下來，這就讓我們深思悲哀的死亡事件，深思衰變和腐爛。這不是一種真實的或溫柔的反應。當我們本應該升入天堂，這樣的習俗卻拖著我們走向泥土；讓我們的情感在破舊的泥土周圍徘徊，直到我們以無言的恐懼和無意識的厭惡從那裡離開。我倒希望這樣

的葬禮盡可能辦得私密一些；只有在遺體入土後我才會感覺到典禮的莊嚴。那麼，我就希望盡可能美好地舉辦個儀式，凡是能使人回想起死亡的任何步驟都要廢除掉，讓心靈受到召喚，轉向思索生命和未來生活的祕密。假如我能讓自己滿意，我真的希望在我停止呼吸之時立即被人抬走，直接下葬，不需要什麼棺木，不需要什麼裝飾。我們愛的是生命和精神，思想和心靈，而不是死者逐漸腐朽的軀體。

　　有些嚴厲的、冷酷無情的人，他們也許會說，比較好的做法是，應該讓年輕人和不懂事的人看見死亡的時候，對死亡的意識留下深刻的印象。啊，只有病態的想像力才會讓人留下深刻的印象。活潑的、思想健康的孩子看到這個情景會感到好奇，但很快就會忘掉。敏感的孩子則會受到死亡陰影的困擾。世界上讓我們感到痛苦和悲傷的事情已經足夠多的了，我們沒有餘力用自己製造的可怕的恐怖儀式來哀悼逝者。遺體停放在陰暗的房子裡，讓人感到壓抑，加重了人們的心理負擔，像是一種虛偽的、病態的陰影；其結果是，正當我們應該盡可能由衷地、溫和地表達悲傷之情的時候，正當我們應該盡量自然地、平靜地談論和思念我們失去的親人的時候，我們卻全神貫注於一大堆令人沮喪的情況，一大堆令人焦慮的安排，一大堆瑣碎的操心事。所有這一切並不是真實的和健康的悲痛，而是一種以死亡為主題的情緒，一種

難以理解的恐怖。無論我們做什麼都不能減輕死亡的負擔，只能用舞臺服飾來裝扮這件事，以令人驚愕的、類似於默劇演員的表演來烘托葬禮的氣氛，這當然與基督徒的希望和快樂完全不符。無論我們的想像力還是我們的理性都出了毛病；我們以虛假的同情對待可憐的遺體，似乎我們是在為死者舉行儀式，為死者歌功頌德，而在死者活著的時候，我們卻常常拒絕說這樣的話。我們不是在竭盡全力地讓自己和其他人意識到，這不再是他，只是一件破舊的衣裳，回歸大地，用泥土覆蓋，而我們在葬禮上的表現，似乎是表明這個可憐的軀體比以往更具有這個人的本色；我們能夠看出，他穿上了合適的壽衣，靜靜地躺在那裡。然而，長期殘存下來的本能是如此深深地紮根於我們大多數人的心裡，所以儘管違背著我們的理性和看法，我們往往也會覺得，如果因場面恐怖而抵制朋友莊嚴的葬禮，怎麼說呢，逝者也許會在地下發出無言的怨恨；反之，幾乎沒有哪個男人或女人，如果他們可以的話，會拒絕參加自己朋友悲慘的葬禮。因此，即使是一個比普通人更仁慈、更有勇氣的人也應該留下遺言，聲明自己的葬禮應該簡單迅速進行；當他死了的時候，要即刻把他埋入土裡，這樣我們就會覺得有理由妥當地安排所有其他的事情。

這種習俗，根深蒂固於人類思想之中，我們很難指望會很快有什麼改變；但是我們也許至少可以下定決心不讓孩子

看到恐怖的場面，不讓他們蒙受精神上的刺激，讓孩子們感
覺到死亡就像出生一樣，只是件神祕的事，一個人離開或者
來到這個世界都很神祕，而不是讓他們過早地熟悉所有與墳
墓有關的悲哀事件。

8 月 21 日

　　我們如何看待來世，如何從死亡的角度看待我們與其他人的關係，甚至與我們曾在塵世愛過之人的關係，最為奇怪的是我們對態度改變的感覺，就是說當逝者進入光的世界，我們會原諒他們的過失。把逝者，不管是誰，看作是壞脾氣的、卑鄙的、自私的或古怪的，似乎是一種不敬的行為，無論在他們活著的時候這些特質表現得有多麼頻繁、多麼強烈；可是，我們卻在人死時愛人們的一切。為什麼我們會認為，人死後就要被剝奪自己的個人特質？我認為，我們覺得死亡必定具有偉大的啟迪作用。我們可以模糊地想像，一個人死後，只要其身分能夠被延續，就能完美地理解事物，清楚地看待事物；而不可避免的是，其結果將會是靈魂的一種安詳的平衡。我認為我們現行的宗教體制存在一個很不好的現象，那就是我們往往猜想，某些特定的聖潔虔誠的教徒，與世俗之人相比更靠近上帝，更能得到上帝的珍愛。確實，有時候是這樣。寬宏大量、熱情、富有同情心、充滿愛意的善良等這些美德真的常常能在一些教徒身上出現，並帶來成果；但是這些特質並非專屬於他們。況且教徒的氣質也存在著一些缺點，例如精神上的自滿，判斷問題的狹隘性，喜歡譴責

偏離他們信仰的所有人 —— 實際上，這樣的錯誤，又和可怕的苛刻相結合，在典型的牧師生活裡是很常見的。他們保持自己的純潔，是了不起的人；但如果人們不帶有任何偏見的閱讀福音，如果人們運用福音裡的話語，人們就會忍不住感覺這些錯誤與基督精神相悖，甚至造成嚴重的犯罪。一個低劣的、具有動物性欲望的人，也許可以被改變，也許逐漸會對自己喜愛感官享樂感到羞愧；但是一個對自己很滿意的人，如果他確信自己可以正確地解讀上帝的思想，那麼無論採用什麼手段，也很難讓他改變。

也許這是真的 —— 與我們自身性格有關係的缺點或毛病，在某種程度上會隨著死亡而滅絕；但是我只能坦白地說，如果我想到，我認識且愛著的那些人，甚至我認識且我不喜歡的那些人，倘若他們的個性會在死亡之時被抹平，這會讓我感到極大的失望。還記得我曾與一個朋友交談，他對自己守寡的母親一直非常孝順，而他的母親活了很大的年紀。她是一位急性子的、精明的、尖刻的、果斷的老太太，經常做出很多犀利甚至是不公正的判斷，她的偏見充滿快樂，同時又勇敢、忠誠、獨立。她的兒子，我可以說，曾與母親在一起生活了很長時間，即使是離開家去上學，他也堅持每天寫信給母親。老太太去世後，他來看我的時候悲痛萬分，甚至絕望。「我將再次見到母親，」他說：「對此我毫不懷疑，可

是朋友們說，我必須將母親美化、神聖化，認定她是非常完美的人。我可不想讓母親被吹捧成完美的人；就算她犯過錯誤，有過一些個人癖好，我也只想讓她保持原來的樣子。」

　　事實就是如此。我們並不希望我們的朋友在去世的時候，他們的缺點和毛病也被一併消除；彎曲的被拉直，粗糙的被磨平。我的確希望，下個世界可以擺脫一些汙染和毒害當下世界的事情。我希望汙穢和殘忍、狠毒和惡意、卑鄙和仇恨可以在光的世界裡不斷減少；但是我認為，如果精神能被完整地保存下來，人類的本質區別——比隱藏在境遇、教育或者環境裡更深切的區別——也會被保存，因為這樣的區別似乎無力得到修正。我相信幽默感會繼續存在於天堂，就像我為了方便而將其稱為死後靈魂的生活，傳統的普通人就會認為這種說法是一種褻瀆。如果不是這樣，天堂一定是個非常乏味的地方；為什麼一般的天堂概念是如此無法形容的沉悶，其中一個原因就是，構成生活樂趣的，並賦予生活品味的所有事物，通常都得到了虔誠的人們精心的概括。他們根據自己豐富的想像，描述了那個被稱作天堂的地方。舊的觀念裡是把天堂看作這樣一個地方：在那裡，唯一的消遣就是不斷地進行完整的唱詩禮拜，幸運的是，這種觀念已經不復存在。我們被允許認為，在天堂裡我們也許能夠以最好的方式過著愉快的生活；但是它仍然被虛假的虔誠和聖潔氛

圍蒙上了陰影，在這樣令人窒息的氛圍裡，自然所有人都會感覺呼吸困難。只要宗教仍然壟斷在神職人員的手裡，這種情況就不可避免，所以宗教不能只是教會的事，越快改變這種狀態越好。我本人就非常喜歡很多牧師，也很欽佩他們。我最好的、最親愛的朋友裡，也有一些是從事這個職業的；但是儘管如此，我得說句抱歉的話，我不得不認為死後的存在，打個比喻，將沿著純粹的牧師的路線繼續下去。

8 月 22 日

也許可以說，沉湎於這些令人心神不安的幻想無濟於事；也許可以說，人們其實並沒有更大的進步，人們因思考上的疾病而麻痺，變得越來越無能。強大的人會說：「一直往前走，工作、享受、生活、承擔責任、忍受痛苦等等。」是的，這是極好的忠告；這些比較陰暗的思考也許只是一種病態；儘管如此，沒有哪個人會想告訴一個發高燒的人，說生病是沒有用的，他甚至比他的醫生都更清楚這一點，而他遭受苦難的原因是他難以置信的。《詩篇》裡說：「世人行動實係幻影。他們忙亂，真是枉然；積蓄財寶，不知將來歸誰收取。」是的，但是人們是自願感到憂慮嗎？沒有人自願讓自己憂慮，也沒有什麼東西能引誘你這麼做。但是假如你無法避免苦難，假如你不得不面對這些麻煩，試圖相信苦難不在那裡解決不了問題，唯一的希望是冷靜地注視，努力看出可以解除痛苦的光明跡象。

8 月 24 日

　　今天我坐在花園的涼亭裡，眼前是一條兩側長著老菩提樹的小道，從這裡可以看到教堂的院落。我知道，午後那裡要舉行一場葬禮，死者是一位簡樸、上了年紀的佃農妻子，生前她常常站在自家門口，微笑著向我打招呼，滿是皺紋的臉上露出高興的樣子。她老了，見識過很多事情，無論是悲傷的還是歡樂的、痛苦的還是愉快的；她勤於勞作，過著非常平靜的生活，看著自己的孩子，還有她的孫子一天天長大。她很少想到自己，寬闊的胸懷裝得下她身邊所有的事。她熱愛自己的家，喜歡按部就班地過著平靜的生活，直到晚年仍然完好地保持著自己的權力，還有清醒的頭腦，歷盡滄桑的老臉總是顯出安詳的神態，即使睡著了，臉上也掛著微笑。她死之前沒有任何徵兆，在某天的晚上突然就去世了，毫無痛苦，坐在椅子上，和往常一樣，在忙完了自己一天的勞作之後。

　　我看見一隊人越走越近，塔上的鐘聲輕輕地響了起來。村子裡幾乎所有的人都趕來參加葬禮，像哀悼母親那樣為這位老人送行；今天這個日子與老人平常度過的日子沒什麼兩樣——平靜、涼爽、寂靜，滿天溫和的陽光，還有清

澈的天空。從我坐的地方可以聽得到有人在朗誦：「復活在我，生命也在我。」每當我聽到這句話，我的心中都會產生一陣無法控制的悸動。最後，他們來到墓地，老人的靈柩被放進墓穴。人群慢慢散開。在平靜的午後，我聽見鏟子發出的聲響，泥土不斷地落入墓穴，不斷落入，直到墳墓被掩埋起來。

我們如此美好、如此鍾愛的生命，一旦終結就會造成間斷，想到這裡，人們自然會產生難以言表的悲傷。無論年紀大小，他們憑著直覺、帶著自己的煩惱來向她傾述；儘管她是個不善言辭之人，但是她專心地聽著，昏花的老眼飽含著淚水，以十分理解和寬容的態度凝視著自己的朋友，撫慰了許許多多痛苦的心。她從來不預測生命，只是謙恭地、快樂地迎接著每一天的生活，以純潔的、自願的天性愛著上帝、相信上帝，讓一切事物都變得簡單。假如所有人都能如此看待生命，那麼懷疑和困惑的將會變小；就像到了秋天，樹葉會發黃、掉落，死亡似乎是一件甜蜜的、很自然的事情。然而，正是這位老人的可愛、親切，還有她孩子般的、非常甜蜜的笑容，為所有認識她的人留下了寶貴的精神遺產；人們為失去這樣一個人而感到難過和遺憾。我們有可能不為此哀悼嗎？當然，在這樣一個日子，天空和大地充滿了寧靜祥和的氣氛，隱藏的祕密中一定含有某種不可言喻的、象徵著愛

和美的財富，只須我們把手放上去。假如生與死的問題在別的情況下出現，我可能會產生奇怪的、困惑的想法，而就在今天，我也許看到了我自己的軀體躺在相同的地方長眠，身邊聚集著相同的人群。唉，我可沒有受到人們如此這般由衷、悲痛的哀悼。我今天所見到的悲傷很明顯地寫在人們的臉上，表現在人們的各種姿態裡；這樣的悲傷更純潔、更強烈，遠沒有可能陪伴我進入長眠般那樣悲傷。這樣的悲傷似乎象徵著生活值得追求的某種東西，也是上帝的禮物，不必透過精心的努力獲得。儘管我們不知道，但上帝賜予我們耐心和忠誠，也賜予了我們生活下去的信心。

8 月 25 日和 26 日

在被迫休養的這段日子裡，一種不明顯的錯覺折磨著我，讓我感到非常奇怪。直到最近我才知道這個錯覺是什麼，但是這錯覺持續地在我眼前重現，這說明習慣是一個多麼牢不可破的東西，習慣似乎能夠對抗理性。

這錯覺是，在目前情況下，我覺得自己成了廢人。一個人相信自己是個有用的人，相信自己在某種事物發展的過程中可以發揮重要作用，這種感覺是難以置信的強烈。但是這畢竟是非常神聖的錯覺，可以用來維護一個人的自尊。當我在城裡努力工作，我戀戀不捨地放下早報，長嘆一聲，坐到桌子前動筆寫作，覺得自己為了做一些有用的事而自我犧牲；然而，我做的是什麼呢？我寫書或者寫文章，也許會有那麼幾百個閒暇無事的人讀我寫的東西。寫書能讓我自鳴得意，覺得別人可能都是失敗者；假如我不能寫了，我又拿什麼奉承自己呢？我小心翼翼地用很長的篇幅給別人寫回信；但是我不知道，如果我不這麼做，世界是否真的是缺點什麼。

當然，關於一個人工作的效用，有些職業你根本用不著懷疑。牧師、醫生、教師、商人 —— 這些人顯然都是有用的人；所有從事著世界上必要工作的人們 —— 必需品的生產

者、勞工、傭人、公務員、鐵路工人、漁夫 —— 他們工作的
實用性不容置疑。但是我們藝術工作者，無論我們的職業道
德感有多麼強烈，除了為民眾提供娛樂消遣，我們還該做什
麼呢？我們最希望做的充其量也就是給予人們一點幫助，讓
他們在人生的路上輕鬆地消磨時間，培養人們的美感，點燃
他們的希望之火。

當然，這麼看待藝術畢竟是一種錯誤的方式。人的生活
不能完全用於有用的勞動；他們必須盡可能地填滿自己的閒
置時間，以此有利於他們的身心健康。這就需要藝術家的工
作。任何人，只要能滿足民眾合法的需求，就會得到真誠的
僱傭。

我們應當去做的就是根本不要認為我們個人有多麼重要；
我們應該感覺得到，我們有了一份工作，我們就該盡可能精
心地、重質重量地做好。我們錯就錯在熱切渴望得到讚譽和
仰慕 —— 那是對藝術家的誘惑。

我曾思考過我的一些朋友和他們工作的價值。可以肯定
的是，獲得了最好僱傭的人，並不是那些最忙碌的人。這個
世界上我所認識的最有用的兩個人，都是很閒的人。一位是
上了年紀的太太，生活在鄉村，沒有特定的職業，但是她擁
有偉大的智慧力量，充滿理想的頭腦和深刻的宗教思想；她
的言談和她寫的信具有非凡的啟迪作用。結果，每一個接觸

過她、或前來拜訪的人，在離開的時候對生活意義和生活興趣的感覺都會得到提升。她總是喜歡為別人考慮問題，熱心而富有同情心地幫助別人，向她求教成了一件愉快的事；因為你會覺得，她對你的情況很感興趣，她會迫切而慷慨地、盡全力地為你解開心結。結果是，她手裡握著許多人的生命之線，然而我卻常常聽到她謙卑而又有些傷感地說，自己是個非常沒用的人；但是從某種意義上講，她承擔了本來應該是女教士或女先知的工作。生命和生活問題對她來說是非常迷人的思想主題：與她交談過後，你會感覺到你自身的存在，是一件極其美麗、極其重要的事情；她啟發你的動機，她強烈希望你能行動起來，做一些有價值的事，她使你的生活有了目標。實際上，就像基督教誨他的門徒一樣，她是一位不可或缺的老師。

另一位出現在我腦海裡的朋友，是一個鄉村教區的牧師。他的工作沒有什麼特別之處，他喜歡打獵和狩獵。但是他能為每一個社區帶來簡樸和寬容的愉快氣氛；他深切地享受生活，他熱愛自己的同胞。他是教區裡的每一個人可信賴的朋友，他喜歡與教區裡的人交談，你可以從每一位接受他問候的人的臉上看到興奮的光彩。事實上，與他在一起，教民們有了切實的安全感。如果教民想見他，他總是隨時恭迎。遇到什麼傷心事或麻煩事，他總能以某種方式理清問題

的癥結，讓問題有望得到解決，或能讓人們以樂觀的態度去看待問題。怎麼說他也算不上是個知識分子，我不認為他在某些時候會翻開一本書 —— 但是他十分精明、幽默和仁慈。他認為自己是個懶惰之人；他與教區的人相處融洽；但是在他看來，他所承擔的事務，似乎不應該被視為是他的工作而不得不為之，他是因為喜歡這份工作才這樣做的。

這兩個人，我希望像他們這樣的人最好多一些；做事從容，心地善良，對人類有著深切的、本能的興趣，沒有成見，沒有摩擦，設法做好工作。相比之下，那些忙碌的、易煩惱的人們卻往往做得很吃力，他們的工作也沒有什麼價值。這就是工作的誘惑，以奉獻精神對待工作，親切而慷慨地與其他人交往。我相信，正是這種類型的工作才是基督打算讓自己的追隨者所從事的。基督本人就是這樣，感動優秀的人，既不磨磨蹭蹭，也不匆匆忙忙，一直在談論著、安慰著、開導著。他本人並沒有投身任何職業，也不對人們應當從事什麼工作進行說教。更確切地說，他指出，生活應當沿著最簡單的路線進行；假如我們能滿足於這麼做，由社會的鏈條和繩索所形成的任何網路，都會立即被打破！

這些日子的強制性休息讓我明白，我們，乃至我們中的許多人好為人師，過分傾向認為自己從事的工作就是教育、規勸和引導他人。其實，上帝似乎早已輕輕地把手放在了我

的肩上，吩咐我耐心、柔順地在學校裡學習，當好學生。我明白了，我一直過於沉浸在創作、發表作品、演講當中；現在我被命令，至少是在一段時間內，我應該多沉思、多吸收、多學習。當我什麼也做不了，只能打量著四周，對此反省、談論，我從不懷疑，這些沉默的時光對我來說有著美好的意義。我努力不發牢騷，不抱怨我所受到的限制，不焦躁；我努力盡一切可能地讓來看我的人、與我在一起的人更愉快些。我努力逗孩子們開心，看看他們都在做些什麼，想些什麼；我詢問教區居民的生活，我努力地去理解和同情他們。我的確意識到了我沒有把事情做好 —— 我專注於自己，心事重重，感覺不安，儘管我已經很努力。但是現在我已經學會了耐心和同情，而且更為重要的是，我已經認識到我們不應該總是好為人師，向別人指明某些事物，而是應該讓上帝來啟發我們。我已經懂得，一個人可以透過休息來感知和理解事物；也就是說，一個人對事物的感知並不一定總是透過工作而得到的。我已經懂得，就像雨水落到山上，形成了山谷裡的溪流，像這樣的一些時刻，也能為靈魂之泉補充水源，使之保持著充盈的狀態。上帝一直很慈善，根本沒有向我送來痛苦；但是祂已經向我顯示了這樣一個真理，即「他們也為只是站著等候的人服務」（米爾頓〈哀失明〉），而且在所有悲慘的生活裡，也有人能從中獲得柔情、寧靜和甜蜜。他

們的生活態度以一種看不見的、意想不到的方式流入其他人的生活，雖然他們從生到死，都是在一樣的條件下生活，行動不便，患病或者殘疾。即使對這樣的受難者來說，他們看起來好像沒有什麼用，只會成為別人的負擔或累贅，讓別人難以承受、讓自己感到煩悶，可是至少他們更接近於偉大的真理；所以，雖然有時我們也許處在無助和謙卑的境地，可是我們更能靠近上帝，根本不需要我們驕傲地、離譜地邁著大步向前飛奔。就像古老故事裡的掃羅王[9]，我們也許可以開始著手骯髒和沉悶的任務，尋找迷路的駄獸，並在途中發現王國。

---

9 掃羅王（Saul），以色列聯合王國第一代國王，他的登基象徵士師時代的結束，同時也是君權與神權之間爭奪權力的開始。他在位 40 年。

8月27日

　　日復一日，我坐在花園裡，為了滿足好奇心而四周張望著。一個名聲不太好的老人走進花園，來協助園丁工作；他看上去不像是個品行好的老人。在任何方面他都不和善。他總是喝的醉醺醺的；粗暴地對待自己的妻子；他的兒子離家出走，再也沒有音訊；他的女兒遭難，絕望之時回到家裡，卻發現母親死了，父親失業。他丟掉好多工作，一方面是因為酗酒，另一方面就是因為過於懶惰。法蘭克是個最善良的人，他堅持僱用這個人來園子工作，其實他也知道這個人常常偷懶，有時還把蔬菜藏在衣服底下偷回家去。他是卑鄙下流的壞傢伙，長著渾濁的眼睛和紅鼻子；遇到有地位有身分的人，他總是表現出卑怯和奉承的姿態，卻讓自己可憐的女兒過著悲慘的生活，並在女兒墮落之後不停地譏諷她。然而，他講起話來，卻總裝出非常虔誠的樣子，彷彿他是個遭受磨難的聖徒。

　　一想到這個老頭我就感到悲痛；真的很難明白為什麼全能的、仁慈的上帝會創造並留存這樣一個人；他不懂得自尊自愛，在各個方面都是惡的典型；實際上，他在這個地方的唯一用途就是提供讓人悲哀的實例，其不幸福的生活則是他

隨心所欲、放任自流而造成的。我們也許可以淡淡地說一句，這個人確實沒有獲得什麼機會；他的父母都是酒鬼，他是在一個非常惡劣的家庭裡長大的。我們不太可能想像他的精神狀態是什麼樣子。他的幸福觀念就是有酒喝，不顧身體地把自己灌醉，搖搖晃晃走回家打自己的女兒，然後呼呼大睡。我還發現，當他馬馬虎虎做完自己的工作，拿走比一般而言更多的工錢以後，他還會設法背著法蘭克偷走幾個馬鈴薯或蘋果。他不以為恥，反而還有那麼一點快感。這完全超出了我的想像；如果有一天他的軀體被抬出他居住的破爛、汙穢不堪的房屋，我真的想像不出，這個卑鄙的老酒鬼的靈魂會成為什麼樣子。我不認為他有什麼特別的、不一樣的希望，我很難把他視為一個主可以救贖的人，能夠回歸，來到錫安[10]。我也許把他看作法利賽人判斷的那種稅吏；我覺得自己應該感謝上帝，沒有讓我成為像這個老頭一樣的人；然而，正是以這種深切的同情，不是蔑視，我才開始思量起這個人，為什麼會變成這樣？假如我處在與他一樣的環境，我不敢說我能做的比他更好些。他的血肉之軀被可憐地困在籠子裡，他所具有的靈魂真的能高高地飛向未知世界嗎？他的

---

10 錫安（英語：Zion），天主教聖經稱為熙雍，一般是指耶路撒冷，有時也用來泛指以色列地。此詞第一次在聖經中的記載是在舊約聖經撒母耳記下 5：7，寫作時間距今約有兩千五百多年。此名稱的由來是因為耶路撒冷老城南部的錫安山。

悲慘的、骯髒的、卑劣的生活會讓他從此獲得昇華而收獲快樂嗎？如果我們相信上帝擁有一切，光明、和平和神聖，那麼上帝會以怎麼樣的思考審視這條可憐的生命？我難以抵禦這樣的想法，即上帝對這個老頭做的也許已經夠好的了。有些人雖然出身和生活條件更差，卻過著樸素和誠實的生活；可是這個老頭從來沒有什麼羞恥感；他只是憑著自己被賦予的一時衝動去做事，甚至法蘭克 —— 他可是我認識的人當中最仁慈的人 —— 都會坦白地說，他從未見過這樣的人，完全不能看到或感覺到自己什麼時候做了錯事。以美和善的標準加以評判，這個人是個失敗者，是個令人討厭的失敗者。如果來世他能感受到自己無望的狀況，為什麼在他穿過這個世界時，卻一點也沒有察覺到這個事實？他全然的自我滿足是他所有狀況裡最令人沮喪的部分。

他停下勞作，朝我走來，目的很簡單，就是想耽誤一會兒工作的時間。在我看來，似乎沒有人不討厭他。他告訴我，他有風溼病，忍受著極大的痛苦，日子很不好過；他不會說批評別人的話，但是幾乎沒有人用他；還說像我這樣的紳士幾乎想不到窮人過日子有多麼艱難。最後他奉承地暗示我賞給他一點錢；他說看到我身體一天天好起來很高興、我受傷的事讓他感到很不好受云云。

就在這個時候，園丁喊他回去工作；他假裝規矩地用手

在破舊的帽沿上碰了碰，以此向我致敬，然後走開了，臉上露出不為人喜的微笑。我承認，這樣一個人，很難對其信仰進行審判。世界上似乎有什麼徹底錯了的東西，能夠以骯髒和邪惡的方式養育和保護如此情緒低落的人。這個淒慘的老人，他突然出現在我的朝聖路上，就像《天路歷程》裡那三個很不討人喜歡的傢伙出現在基督徒朝聖的路上。然而他們的心裡同樣有著朝聖的想法。勇敢的基督徒沒有疑慮。他欣喜若狂地看著他們把自己引入山坡上的洞穴，冒著濃煙的陷阱門。假如我比較確信自己的路，我也許同樣想高興一下，但是我不能；我寧願看到我可憐的同伴被喚醒，穿著白色的衣裳；我願意他帶著萎縮的信仰穿過黑水，聽到為他吹響的小號聲在另一邊響徹。

8 月 28 日

　　有時候，在炎熱的午後，我會去教堂靜靜地坐上一會兒。那裡非常涼爽，香氣幽雅，似乎很快就能使你的頭腦放鬆下來，沉入祥和與寧靜當中。我喜歡古老的拱門及其周圍的古蹟，暗淡的屋頂及其黑色的橫梁，莊嚴肅穆的高壇和靜默的祭壇。教堂裡有許多老的紀念碑。側廊盡頭被隔開的地方，有一處保存完好的詹姆斯一世時期的墳墓。在大理石拱門下面有一些小徽章 —— 時間凝固在他的鐮刀上，轉動沙漏的骨骼在他手中，悲痛溶解在他的淚水裡，一個天使手持金喇叭 —— 這是三個人的跪像。左側是一位老醫師，身穿飾有輪狀皺領的黑色長袍，戴著無沿便帽 —— 醫神阿斯克勒庇俄斯 —— 古雅的銘文說道。兒子挨著他跪著，一位精力旺盛、臉色紅潤的騎士，黑鬍子、威嚴、身披盔甲，好一個快樂的人！挨著醫生跪著的是他的老妻，雖然滿臉皺紋，但臉色很不錯，正在祈禱。在下方，騎士的太太全身舒展地平躺著，這是一位高雅的清教徒夫人，微笑的面容，白皙而又雅致的雙手，小巧的雙腳穿著高跟鞋，身穿一件端莊的長袍。他們看上去是那麼和睦可愛的一家人。他們愉快地住在教堂附近、那被拆除的莊園主的宅第裡。我坐在那裡觀察了大概

有一個小時，我覺得自己似乎變成了他們的朋友，被准許進入他們可愛的世界裡。騎士死於兩百多年前，而他的妻子沒過多長時間也去世了。我認為，他們和藹可親，過著非常受人尊敬的生活 —— 他們是這個地方最大的贊助者；他們沒有孩子。我發現自己有一種充滿柔情的好奇，很想知道這麼多年過去了，他們怎麼樣了。他們再度重逢了嗎？他們意識到了古老的愛與親密關係了嗎？他們的遺骨正在下面的墓穴裡化作塵土，而正是這些骨骼，曾支撐著他們生活在我腳下踩著的這片土地。對這些令人悲傷的奧祕，有可能產生某種直覺嗎？關於黑暗的來世，為什麼我如此渴望地想了解，充滿熱情地想擁有模糊的希望之光？因為，如果什麼也沒有，一個人就應當盡可能小心謹慎地活著，節省你的樂趣，珍惜你的光陰；然而，正巧在這個想法冒出來的時候，我卻又受到更深刻思想的驗證，似乎是說還有比這更高尚的想法。我覺得很難相信，假如你知道生命和身分仍在延續，而且愛也在持續，你就不能堅定地努力把愛和關心慷慨地給予他人。但是我想，假如我只是聽從他們，我也會有摩西和先知！如果說自我犧牲是一種寶貴的品格，愛是最能持續下去的一種情感，這樣的說法是真實的，我為什麼又會如此急切地、如此有興趣地、如此珍惜地被這些凡人的、物質的欲望、追求實利的意圖所束縛？我的抱負、我不停歇的勞動、我對美的渴

望與此有什麼關係？這些都是徒勞無益的嗎？為什麼我會這樣徘徊不前、膽戰心驚地處在困惑之中，受著上百個幻想的折磨，像個快樂無憂的孩子那樣喜愛自己的玩具？假如我僅僅是知道我的哪些希望是上帝的選擇，這些希望不也就變成我自己的選擇了嗎？假如我像來自比烏拉山的基督徒那樣，雙手因喜悅而發抖，只能透過透視鏡模糊地辨別榮耀之地的某個東西，我不該心情愉快地踏上自己的朝聖之路嗎？但是我的透視鏡卻向我顯示了上千個模糊的輪廓，都是那麼奇妙，但不都是那麼令人喜悅的。如果上帝想要我成為有希望成功的人，祂為什麼向我送來這麼多讓我絕望的東西？如果祂希望我勇敢，這個世界又為什麼充滿著令人恐懼的事物？

8 月 29 日

　　在這個世界上，與其他任何事情相比，我們懼怕的是孤獨地與我們自己相處，多麼奇怪啊。這是我們不能忍受的一件事；我們努力專心於自己的思想和行動；我們認為迅速而又無意識度過的時光是最愉快的。我們似乎無法忍受的，是一個人與自己的靈魂孤獨地坐在那裡。有意說些什麼的時候，我們的頭腦總是處於警覺和活躍的狀態，除此之外，我們不能隨意使用我們的頭腦，似乎沒有什麼比這種說法更令人難以接受了。這能形成精神上的病毒性發燒。我們迫使自己回憶往事，或者把自己不安寧的心志投入到未來；我們不能忍受的是大腦沉默、不活躍的表現。

　　我很想知道，我們是否應該更加努力地鍛煉自己，能帶著安靜的沉思來生活；悲哀的是，我們的內心似乎沒有什麼可說的，除非內心關注的是它本身之外的事情。我們的心似乎意識不到自身，除非所涉及的不是其本身。東西方思想在這方面存在著本質的區別。東方人的氣質和性情，似乎能夠存在於對其自身本質的冷靜沉思當中；西方人的思想存在於強烈的外部印象。我們常常會談論精神生活；但是我們嘴上講的這些到底又是什麼呢？我們主要考慮的，似乎是渴望變

得與現在的我們有所不同；在經驗和知識方面有所成長，渴望去探索，去發現，去認識更多。我們不滿足於現狀；我們渴望占有，然而卻不滿足於已有的獲得。也許，假如我們勇於從我們的思想之塔探出身去，傾聽天空的寂靜，我們可能會找到自己想要尋找的東西。我們似乎不能允許思想通過和進入頭腦；我們必須走出去迎接，我們必須把思想拖進來，就像一個人把滿滿一網的魚拖上船來。由此就產生了我們悲哀的幻滅感，我們焦躁不安的痛苦，我們相互牴觸的不同目標。我們的祈禱過於頻繁，「教我去做能取悅你的事情。」那還不如說：「把你自己給我。」

8 月 30 日

　　我們懼怕孤獨，我們懼怕與世隔絕。如果我們缺乏一定的資源，一個人的困難之處就在於如何利用自己的頭腦，從某種意義上講，就是表明死後身分的延續和與其他人的關係。也就是說，假如我們覺得生命如此不完整、如此不平等，所以需要一個續集賦予你生命的意義，那麼我們肯定感覺得到，死後與其他靈魂的關係一定是那個世界生活的主要部分。不能說這相當於一個證明；我們最多可以說的是，生命正如其構成，如果沒有未來，就會是莫名其妙的，無法理解的。此外，靈魂從心靈意識中分離出來，也許是一種具有不可思議特質的東西，其所需要的和渴望的聚合在一起，也許與我們以智力和知覺所能想像到的任何事物，都不一樣。

　　聽之任之，頭腦似乎公然反抗意志，沿著自己選擇的路漫遊。人們漸漸意識到一種奇怪的二元性；意志，就像一個虛弱的車夫，試圖控制記憶和想像力，也就是那倔強的馬，但是他卻發現自己無法勝任。意志說：「我將貫徹明確的觀點；我將盡可能清楚地擬定一個精確的主題。」頭腦似乎要說：「不，我要在未來和過去之間茫然地來回奔跑。我要在生活當中回憶所經歷過的事情；我要描繪未來事物的藍圖。」如果

意志想要判定這是一個無效的、令人萎靡不振的做法，需要遵循某種特別的思路加以修正，那將是徒勞的。大腦拒絕受到束縛，就像異想天開的孩子，用奇特的意象和怪異的細節中斷了思考的過程。大腦能回想起某個去世多年的人，這個人的容貌，這個人的服裝；大腦能讓已經忘記了的事件復活，或者反覆提到某個小希望，精心繪製將來的工作和快樂。我這個寫出過很多東西的人，覺得用手裡的筆來追求明確的思路是很容易的事。頭腦的作用就像一個小錨，將漂泊的船固定在一個地方。你也許訓練過，讓自己的頭腦養成沉著冷靜的習慣；但是在日常生活當中，有助於養成安心沉思習慣的經歷畢竟太少了。因此，在閒置時間，頭腦開始變得自我折磨，苦惱地來回折騰。但是一旦你有了另一個人的陪伴，所有這些滾動和轉動就會停止。孤獨的頭腦所受到的折磨是自我發問，卻又回答不了問題；它找不到對照的機會，錯失與另一種思考相互影響的機會。

社交活動的這一特性，似乎與我們人類的自然構成交織在一起，所以正如培根所說的，只有非常聰明的和非常愚昧的人，才勇於尋求孤獨。

如果我們從此以後希望提升才智，我們也許可以變得滿足於孤獨。但是，也許根本沒有什麼世界末日，對末日的想像只會使人聯想到極度的恐怖，而不是想到死後永恆的孤

獨，因為這種孤獨與所有永恆的事物一樣，我們永遠都不要希望能從中再次找到自己和同類人的關係，永遠不會知道另一個人的感情，永遠無法比較經驗，永遠獲得不了令人欣慰的想法，或者對自己的親近感。實際上，這個想法是那麼令人難以忍受，所以，只要死亡能夠被另一個人分享，那麼就幾乎沒有什麼死亡是人們不願選擇的。

我想，這種本能也許是所有本能當中最深入人心的；假如我們相信本能，把本能看作是探索死後性質的嚮導，我們可以確定，無論如何，這種本能的消耗和相似但也有不同的個性之間有著一定的關係。

而且，假如我們可以斷言，或者我們無論如何相信，我們能完全深入地領會和確信這個希望嗎？也就是說，我們已經學會了愛這個世界上的人，我們就能確信可以與他們分享自己的經驗，無論什麼樣的經驗都可以嗎？儘管我們也許還可以透過藝術、書本、歷史記載與我們敬愛和欽佩的人物分享經驗 —— 一個快樂的想法 —— 可是我們要麼是出生得太早，要麼是出生得太晚，雖然意氣相投，卻不認識他們。也許只是一個美麗的夢！但不僅僅是個夢。

8月31日

　　有時候，一些神祕的事物真的讓你不得不選擇接受。在我的窗前長著一棵高大的紫杉樹，一隻豐滿而又快樂的畫眉鳥把自己的家建在這棵樹上，很快成了我的熟客。在我生病、倍感心煩的時候，這隻鳥用牠那華麗優美的歌聲竭盡全力地讓我愉快起來。早晨和傍晚，牠常常蹲在高枝上，鼓起小喉嚨，思考著自己的曲調，正如老詩人們講的那樣，重複兩三次優美的樂句，似乎是在研究自己歌唱的效果。牠一些流暢的小調我漸漸記在心裡。最近，牠似乎有些無精打采。牠遺棄了大樹枝，我常常看到牠，就像米爾頓說的，蹲伏在灌木叢深處的黑暗中，時而軟弱無力地發出幾聲顫音。

　　昨天，牠可憐的軀體可憐地躺在草地上，有斑點的胸脯被翻了過來，小爪子向上舉著，原本明亮的眼睛現在卻是呆滯無神。我要孩子們為我的這個小朋友舉行個葬禮，用泥土將牠的軀體包裹起來，藏在樹叢深處，那裡充滿著鳥的歌唱。可是盤踞在教堂塔樓的寒鴉，花園裡這些正派的、嚴肅的、扮演著清道夫角色的食腐動物，卻把畫眉鳥的遺體翻了出來。牠們無情地撕扯著，在小小的畫眉鳥身上盡可能地找著能吃的肉。我沒有打擾寒鴉食屍鬼似的殘暴行徑。我為什

麼要剝奪牠們如此坦率地食用美味的權利？不過，當寒鴉餐後滿意地飛走了以後，我讓外甥把畫眉鳥的遺骸埋了起來。孩子們認真地動工，貢獻了一個雪茄盒當棺材，他們非常享受這個隆重的場面。

但是我的小朋友走了，我感到難過，禁不住想知道這隻簡單的、明亮的小鳥出了什麼事，牠在離去前的每一刻裡，牠的靈魂怎麼會如此愉快地、悄悄地從牠小小的、優美的軀體溜走。

這就是純潔的情感？我認為是這樣。然而，畫眉鳥的這種情況，牠美麗而又短暫的生命，從牠破殼而出，沐浴在陽光下，到牠頭暈眼花地在樹枝上搖晃，翅膀撲打著落到了地上的夜晚，牠的內心裡有著許多奇怪的祕密，對我迷茫的心來說，所有這些祕密的意義都是隱祕的。我為什麼會喜愛這隻小鳥？為什麼會看著那棵昏暗的樹而思念它？更奇怪的是，我看不透，為什麼我渴望將牠與自己放在一起，來思考有關死亡的話題？

9月1日和2日

　　妹妹家裡的孩子為我帶來了極大的喜悅。好長一段時間
他們不允許我見到孩子；後來他們終於同意讓孩子來看我。
我的外甥傑克，9歲，是一個快樂的小紳士，非常注重事
實，而且與其他比他大得多的紳士一樣，在我的病房裡他似
乎有些拘謹。我非常同情他，所以如果他找藉口不來看我，
我也能完全理解；但是我的外甥是一個很有愛心的男孩，已
經有了履行自己職責的堅定本能；因此他每天都會鄭重其事
地來看望我；我意識到，他總是事先就準備好了與我這個病
人要交談的話題。確實如此，我從妹妹那裡得知，他不時地
會向母親請教，「今天我該和舅舅談些什麼呢？」但是我的外
甥女瑪喬麗就完全不同了。她雖然只有11歲，內心裡已經有
了女人甜蜜的柔情：誰要是生病了或者需要幫助，都會直接
向她求助。對她來說，我是一個需要關注、需要愛護的人，
從某種程度上講，我以前可從未有過這樣的感受；因為她肯
幫忙，能夠犧牲自己的時間來幫助你。男人和女人性情之間
的差別真是太奇特了。對一個男孩來說，即使是一個未婚的
男子，嬰兒是一個古怪的、相當討厭的對象，只有在心情好
的時候才肯抱一抱，而更多的時候，則是盡可能讓嬰兒回到

樓上房間的搖籃車裡。但是對一個小女孩來說，處在最無能、又不會說話、只會吃奶的階段的嬰兒，則是一個崇拜的偶像，一個可以讓她感到驚奇和快樂的對象。我的外甥女瑪喬麗發現我喜歡和她在一起。她常常進進出出我的房間。她很高興為我做些小事；或者她安靜地坐在那裡看書、做功課，長長的頭髮飄落下來，遮住了她那光滑的面頰，但她從來沒有表現出拘謹的樣子。瑪喬麗長得很漂亮，大大的眼睛充滿著思緒，充滿著夢想。我不認為自己以前什麼時候意識到，孩子純潔的愛心這麼無比美妙的事情意味著什麼。她是一個絕對自然、愉快、活潑的生物，腦子裡充滿了興趣和小小的激動。這個世界對她來說是個充滿驚奇的地方，非常美妙；但是回想起我只顧自己、缺乏愛心的童年，她強烈的愛心總是不斷地讓我感到驚訝。我再一次心潮澎湃，感到驕傲和高興。我承認，我第一次被允許見瑪喬麗時，她樸實大方給予我的愛，是那麼令人陶醉。在某種程度上我知道孩子們喜歡我；但是傑克對我的病情十分憂慮，一方面是因為，對他那麼好的親人怎麼會遭受病痛的如此折磨，這讓他感到難過，另一方面則是因為他反感病痛的陰影籠罩著這所房子，這讓他心神不寧。但是瑪喬麗就不是這樣。我在她的笑容裡，在她難以抑制的淚水中看到，一個孩子，在意識到自己的舅舅離死亡如此近時，真實地表現出了強烈的悲傷之情；就在那

一刻，我們之間似乎訂定了一份祕密契約，我覺得只要我還活著，這份契約就會一直持續有效。人們不會責備或讚揚孩子缺乏或富有這些情感，因為這完全是出自純粹的本能；而如此擁有孩子的愛，會讓人有一種神聖感，一種敬畏感；如果人們看到了上帝植入的這種愛的力量如此深刻，如此甜美，自然也就會感受到人世間的親切和上帝的愛。

瑪喬麗是一個比較聰明的孩子，喜歡思考的熱情和她的年齡不符。一天，她來到我的房間，坐下後就往一個小本子寫著什麼。我問她本子裡都記了些什麼。她臉紅了，起初不願意告訴我。後來她終於道出了實情。她對我說，她比這個世界上的任何人都要愛媽媽，而媽媽似乎也比任何人都能理解她所有的需求。「但是有些時候，」她說道：「媽媽好像並不是完全理解。我想媽媽的年齡是不是太大了，忘記了自己當小姑娘時候的想法；所以我把自己想的都準確地記下來，這樣等我長大了，也有了自己的女兒，我就可以常常拿出本子，看看我是怎麼想的，以免我忘記了。」我真想讀一讀她的筆記，可是她沒有主動讓我看的意思；我也覺得這是非常私密的事，不能對孩子提出這樣的要求。

有一天我正在看一本介紹史前遺跡的書，那上面講述的是最近在一些地區發現的古墓和埋藏地下的住所。當瑪喬麗坐在我身邊時，我便抓著她的手，指著書裡的一些圖片給她

解釋。她梳理著飄到臉頰的長髮，說她也想看看這本書，我告訴她這本書讀起來可能會很枯燥。但是儘管我已經這麼說了，她還是希望讀一讀這本書。第二天，在她看書的時候，我抬頭看了看她，卻看見她在哭；我問她出什麼事了，她沒有馬上回答我；後來我逐漸知道了事情的原委。其實也沒有什麼，只是她想到了古時候那些悲慘的、無助的、半野蠻的人們，死了好久了，卻沒有人記得或同情他們。他們昏暗的房子被挖了出來，他們破舊的墳墓遭到了破壞；人們在一個小墳墓裡找到了一個小孩的遺骸；看到這裡，瑪喬麗有一種說不出來的悲哀，她的生活可是充滿著陽光的。我說不出瑪喬麗的表現如何感動了我；而且，恐怕我自己都會哭起來，不是因為想到過去那些死去的人們，儘管他們的死足以讓人感到悲哀，而是因為一個小孩子的心裡竟然裝著如此美妙的溫柔之情和善良之感；她並不認識這些人，只是透過古文物研究著作的敘述，就能對這些死者表現得如此悲傷。這就像窄小的墳墓上盛開著紫羅蘭花，從骨灰裡汲取芬芳。我永遠也忘不了瑪喬麗的眼淚。不過，當我告訴她，這些事也許是那些搞學問的人編寫出來的，再者，那些人現在也許在一起了，擺脫了過去苦難的生活，他們自己也會笑起來的，這時瑪喬麗露出了笑容。她的笑容同樣令我難以忘記。

但是，啊，親愛的瑪喬麗，想到古代這些陌生人，你仍然有愛，假如你看到活生生的他們，他們可能會讓你感到恐懼和困惑，假如他們能像我今天看到你這樣見過你，他們也許把你這個白皮膚、長頭髮的女孩當作比人類更神聖的仙女。你的思想，我要說，似乎讓我的認識也上了一個臺階，我從自己黑暗的幻想中擺脫出來，置身於更高、更美好的氛圍，一個自由的地方。我覺得，如果聖父能夠讓你這樣美妙的孩子降臨人間，在你的心裡放入如此純潔的愛，為那些活著的和很久以前死去的人們表現出強烈的感情，你強大的心靈裝著寶貴的愛心和同情心，如果能以如此的力量和威力流過人們的心田，這樣的愛和同情就能超越我們可以夢想的一切。

　　從那天起，我再也沒有再陷入同樣的沉悶思路。我明白了，自己一直過於盲目地追求理性，沒有緊緊地把握住愛。而且我不懷疑，那一天是聖父把你這個親切、溫和的小姑娘作為愛的使者送到我身邊。即使瑪喬麗把自己美麗的頭埋葬在塵土裡，她那甜美的精神也會完好無損，依然保持著完美無瑕，飽含不容置疑的愛。這樣一來，讓我沒有想到的是，在我疲倦不堪地走在朝聖的路上，虛弱地敲打著一扇扇壯麗的門之時，在那一天，她為我打開了通往光之國度最近的暗道。

9月3日

　　《以賽亞書》記載著這樣一個可怕的景象。有個人穿著紅衣服從波斯拉來；他神通廣大，邁著闊步；當他走近，你可以看到他全身被酒榨的汁液濺溼；他狂怒地用腳踹著酒榨。

　　有些時候，一些地方遭受到了大災難、大饑荒或大革命的衝擊，許多無辜的人正在痛苦不堪地死去，很難不去想是上帝以如此恐怖的樣貌出現了。如果被壓倒的是有罪的人，暴君、監獄看守或士兵，因為他們無情地殺戮，不擇手段讓受害人遭難，並從中獲取樂趣，你就會有了別樣的感受。但是，如果人們經過深思後意識到，許多危機常常可以安然無恙地度過，如果女人和孩子忍受痛苦和惡劣的侮辱，如果美和天真無邪似乎是最致命的禮物，那就很難把模糊的、微妙的希望預言寫入可怕的卷軸。似乎要緊的並不是暴行的數量。一次有意為之的殘酷行為，例如一個可憐的孩子，不幸成為一夥野蠻士兵施暴的受害者，這樣的事情就可能打亂為仁慈和全能而精心制定的合理方案。因為，如果身分可以延續，如果記憶仍然存在，這樣一個孩子，無論上帝可能為他日後準備了多麼容光煥發的生活，他究竟怎樣才能不帶著羞恥感和恐懼感來回顧兒時這可怕的遭遇呢？需要多久無憂無

慮的日子，多麼和諧天堂之音的撫慰，需要什麼樣的大愛和寧靜，方能夠彌補這一刻的屈辱？這是無法想像的，這個問題挑戰著最有耐性的哲學家的智慧。對這樣的事件，一定要有忘川的水流，才能洗刷掉對這些卑鄙暴行的記憶。在某些故事裡，卑鄙錯誤被神以某種方式進行了干預，美和純真似乎都被保留下來，我們珍愛這樣的故事。但是，如果沒有這樣的干預，那些人的眼淚和痛苦又會有什麼意義呢？當我們把樂觀主義的教義劃分成一條一條的，當我們滿足地贊成人類關於上帝的各種理論，我們真的是在面對這些事情嗎？也許，在我們自己的觀察之下，沒有這樣的情況出現；也許有些人，生活的經驗使他們勇於說，自己從未遇到過愛和公正的理論無法解釋的情況，但是真的有這樣的人嗎？只有完美的耐心和無限的希望可以讓我們維持下去。即使這樣，渾身染血的人物似乎正在靠近，他的憤怒支撐著他，他的心裡燃燒著復仇之火。先知親切地說：「他的慈愛和憐憫救贖他們。」但是他親手造成的創傷和他打破的東西，還能修復和癒合嗎？

9月4日

　　我在這的房間裡掛著一幅舊畫，它不可思議地讓我深受感動。我不知道這幅畫是從哪裡來的，似乎也沒有人知道。也許是某張名畫的複製品，但是我以前從未見到過一樣的。這幅畫太舊了，畫面模糊，所以很難說清當初是否有什麼藝術價值。畫上展現的似乎是樹林附近的一個地方；左邊是一片暗黑的樹林；背景畫著一座隆起的山崗，山上大部分光禿禿的，只有很少的一些灌木叢。右邊是一座被毀壞的建築，倒塌的拱門仰面朝天地躺在那裡，周圍長滿了雜草。畫面的中心位置看上去像是座墳墓 —— 你只能看到簷口的邊緣模糊地在黑暗當中閃現。在墳墓旁邊，畫的是一位女人。她身穿黑色長袍，兩手張開，似乎是在默默地祈禱，面紗或者頭巾飄動著，垂在她的肩上。升起的月亮微弱地點亮了夜空，除了天空呈現出的淺綠色以外，整幅畫幾乎再沒有別的什麼顏色了；地面、植物、山丘，統統是一片模糊的褐色 —— 那個女人的臉龐和雙手，以及大理石墓碑看起來像是象牙般的淡黃色；她的外套可能是黑色的，因為在她身上有一片暗影。

　　我認為這是一幅義大利畫作 —— 而且我曾以為，這幅畫意在重現蒂朵女王在亡夫艾尼亞斯墓前的場景。無論這幅畫

是否曾有過真實的美，現在看來卻深藏著一種神韻。那裡有一種黑暗的和孤獨的感覺，暗示著一種新鮮感，宛如林地裡的夜晚；人物的姿態顯露著神祕的悲傷，如同一個人徒勞地為心愛的人傷心。這幅畫有著一種古老的悲傷感覺，然而這種悲傷有著美麗、平靜和甜蜜的成分在裡面，這深深影響了我的想像力，令我非常激動。傾斜的樹林、孤獨的小山、模糊的黃昏，就像傷感的樂曲，觸動著你的心靈，讓你渴望溫柔的快樂。遠遠地看去，這種古老的悲傷怎麼會具有如此奇怪的美的特質，以至於否定了我們自己堅持的可怕的悲痛？如果這幅畫是一個令人快樂的場面：夏天仙女們在綠蔭下翩翩起舞，其撫慰作用就不會大，而古老的、孤獨的、悲傷的黑暗場景，才有真正的感動人心的力量。有人也許會說，這可能意味著悲傷中畢竟有一種祝福；儘管基督能夠向那些哀悼的人許諾，他們應當得到安慰，這也只是僅有的祝福。但是感動我的，並不是想到孤獨的哀悼者由此可以覺得精神舒暢，高興起來。相反，恰恰是悲傷本身，疼痛、破碎的心，在本質上似乎是美麗的，不必去想即將發生的可能是什麼。就像聽到了音樂，就像聽到了歌曲。正如古希臘詩人說的那樣，人們忍受痛苦和死亡，他們悲傷的故事在後來者的耳朵裡也許是甜美的。

　　身體的疼痛就不是這樣 —— 一個人忍受著極度痛苦，這

9月4日

樣的畫面永遠不會是美的，只會使人感到絕望和恐怖。

　　我想，這是因為悲傷並不只是為自身說話，其背後飽含著深情的愛，這使悲傷有了美感。生命的逝去能夠顯示出來一個人內心愛的深度和強度；而且，正是因為悲傷所體現的愛的思想觸動了我們。悲傷淨化了愛的所有弱點，所有的意外事故；使愛永恆，全心全意。在當今的日子裡，有些事情遮蔽並削弱著我們眼前的愛，悲傷之後繼續存在的愛，就再也不應該被籠罩在這樣的陰影裡。我的妹妹向我講了一個人的故事，他是我們同族裡的人。他還只是個大男孩，死的時候大概還不到二十歲。他住在表姐家裡；表姐比他大十歲，已經結婚，過著幸福的生活。他默默地愛著表姐，一種無望的愛。臨死前，他叫人捎信給表姐，讓她來看看自己。表姐來了，他請求表姐吻他一次。表姐一時沒明白怎麼回事，但還是吻了他；他說了句：「終於等到了。」然後微笑著閉上了眼睛。我不知道這個故事為什麼會讓我如此激動，這個故事聽上去怎麼會如此美好。你可以說這個故事悲哀、不美好，但其實正是因為悲哀才有了美的內涵。我確信，這個故事的美麗之處在於所顯現的情感的強烈、深度和力量。它能給人希望，即超越甚至抵制死亡恐怖的思想，是熱烈而堅強的，具有著持久的生命力，而且一定能超越死亡。

9月6日

　　我常常想知道，一個人的想像力是否可以創造與我們體驗的不一樣的、超越我們體驗的什麼東西，但是我認為這是不能的。例如人的頭腦不能構想出任何我們沒有見過的顏色。聽說過這樣一個離奇的故事，有個盲人說，scarlet（鮮紅色）這個詞在他聽起來，像是指喇叭聲，這似乎表明他在依據自己的經驗做出解釋，但是他能聽到聲音卻看不到顏色。如果人們試圖想像從未見過的動物或怪物的形狀，人們只能用誇張的手法將我們見過的動物組合在一起，以此作為參考。幾乎可以肯定，有些顏色，就像一些音樂音符，有著無限的變化，超出了我們眼睛和耳朵能夠領會的程度。

　　我認為，人們不可能脫離物體設想它的質地和特性。假如我們拿顏色做例子，努力去想像，我們能想到的是帶有這種顏色的物體，或者是這種顏色的光線，或者是顏色的方塊。我想像不出來單純的顏色 —— 在我的思想裡，單純的顏色總是一種質地罷了。

　　所以，我同樣不認為人們能夠撇開實際例子來構想罪惡與美德。假如我想到了殘酷的行為或慷慨大方的行為，我要麼看見能表現這些行為的情景，要麼能回憶起擁有這樣性情

的人，無論是死去的還是活著的。

　　有時候我感到困惑，我們在形成上帝這一概念的過程中，是不是受到了同樣的限制，除了人類的美德之外，我們是否還可以把其他的素質也歸因於祂；而且我很樂意地認為，為什麼我們在這個世界上發現那麼多令人困惑的事，就是因為我們總是試圖從人類的動機出發來看待所有這樣的事情；可是上帝擁有的性質，我們以現在的條件也許根本設想不出來，祂不僅是超越了我們人類擁有的、而且是我們以有限的經驗完全無法想像的性質；我們道德觀念當中存在的所有困惑，世界上實際存在的所有費解的難題，也許都是這樣一個事實造成的，即我們所看到的事物都是受上帝的特質影響的，可是其性質我們卻無法理解。

　　我不知道，這個想法是否可以得到證明，但是它至少可以幫助我們延緩作出判斷，不去期盼必然的事物。

9月7日

　　有時候，我會有一種強烈的感覺，那就是希望各種事物的關係和諧融洽；這種感覺非常強烈，像是平靜的流水淌過我充滿愛的心田，我願意為此奉獻自己。真的，對我來說，我越是這麼想，我變得越是安靜，勇於確信這一巨大而高尚的影響。人們有時候似乎舉步維艱；人們不得不在兩者之間做出選擇，可是無論選擇哪一個，都可能會面臨著災難性的後果和巨大的痛苦；你可能會招惹來某個人的憤怒和懷疑，而這是個你必定要和他在一起生活的人；你的計畫實現不了；你做善事的努力受到阻礙；你看到一位同胞，上帝原已經使他無限可愛，卻逐漸變成了不可救藥的罪人；你被難以承受的災難威脅；你的工作職責需要承受極大的壓力，可是你的身體健康狀況卻適應不了。生命之水的泉源受到了或罪惡、或恥辱、或恐怖的毒害和汙染。

　　那麼，假如你盡自己所能做事，假如你能耐心地忍受，假如你勇於順從所遭遇的巨大力量，你有時可以借助無法抵禦的、力量與善的潮水，讓自己從困難的漩渦當中漂流出來。我們自身的努力失敗了；意想不到的事情悄悄地出現了；神祕的變化默默地發生了；我們幾乎不敢乞求的巨大力量移

9月7日

走了負擔；偉大的、溫和的、順服的靈包圍著我們。當一個人費力地想把一條船拖上滿是鵝卵石的岸邊時，他的行動也許是徒勞的，最終他只能絕望地停下來；接著，大量海水悄悄湧入，小船飄了起來，他只需划動幾下船槳，也就十幾分鐘的事，他就實現了自己的目的，根本不用花上好幾個鐘頭，費盡氣力，累得疲憊不堪。

即便令人十分恐懼的嚴重危機將我們拖入黑暗之中，我們會發現，勇氣和耐心是可以出乎意料地幫助我們度過難關的；直到我們微笑著發現，我們那麼想躲避的極大痛苦，其實是可以承受的，力量就存在於我們自身當中。

我可以肯定，祕密就在這裡，而且我們越是勇於相信這個世界背後運轉的巨大力量，我們越是努力與這種力量保持同步，我們就越能變得更加幸福。接受不可避免的過去，順其自然地面對未來，堅定而又快樂地活在當下，相信而不是決定，運用而不是掙扎，這樣我們就能離上帝之心更近一些。

9月9日

　　你當然絕對肯定，人們愛你，儘管你知道他們並不完全了解你。與上帝在一起，你可以確信祂完全了解你，可是你無法絕對確信上帝愛你。上帝的愛和人類的愛的區別似乎就在這裡。

　　記得不久前，那是個禮拜日，我正在鄉間小路散步，碰巧路過一個不大的鄉村教堂。門是關著的，孩子們正在舉行儀式。我在門廊處聽著：裡面傳出來孩子們不安分的活動聲，低沉單調而又不耐煩的吟誦聲，夾雜著腳在地板上的刮擦聲，還有咳嗽聲。「我們永遠不能忘記，」有人在說：「上帝愛我們所有的人；這就是為什麼他希望我們稱他為父。」

　　我想到了自己孩童時代的那個令人畏怖的上帝。在我們常讀的舊約裡，上帝似乎總是做著激烈的、嚴厲的、狂怒的事情；他沉默無語，形跡難尋，苛刻嚴厲，在拐角處傾聽，在黑暗處凝視，總是隨時準備非難和懲罰我們。那時我只認為，如果你參加枯燥的儀式或者是讀聖經，就做好功課。

　　禮拜天是他的日子，我厭惡；一周的其餘日子他似乎都不怎麼關心。我常常模糊地感覺奇怪，在舊約裡，上帝似乎只是在人們做了勇敢的事和不為人喜的事才會高興，而在新

約裡，他怎麼會如此徹底地改變了自己的性格？難怪我覺得自己不適合上帝的陪伴，而且想到他統轄的天堂就會感到害怕。

所以不足為奇，如此被養育的孩子等他們長大後，就會探索許多有關上帝的問題。我對宗教不感興趣，我也不理解上帝還對別的什麼事情感興趣。關於禮拜天的心境，我想，那一天壓抑的沉寂氛圍是適合祂的，生活的所有興趣都被擱置，即使沒有擱置，享受生活樂趣的人也會覺得內疚。所有這一切如何才能得到補救？有些孩子天生就是虔誠和聖潔的，但是他們不應該只有與主同在的喜悅感。

隨著年齡的增長，你就會越來越渴望獲得別人的愛；似乎愛是世界上最珍貴的情感；但是接下來，卻又悲哀地希望不要被那些自己愛著的人徹底了解，生怕一旦被人知道了自己的失敗、弱點、膽怯、粗野，他們就不會愛自己了。

而心靈的渴望同樣在增強，堅信上帝的愛：祂至少完全且徹底地了解你。你的需求，哪怕是較差的需求，也不需要告訴上帝，因為祂能看到；我們的毛病和弱點都是祂手裡的禮物。上帝真的能愛祂所創造的可憐的生靈嗎？一個人真的能像疲倦的孩子爬到父親的膝蓋上，靠在祂的懷裡，被祂一直愛著嗎？

9 月 10 日

　　今天我在讀一本講述南極探險的書；這本書寫得很好，記敘方式樸實無華，簡潔明瞭，其真實性和生動性，都只有最高的藝術才能達到這個水準。

　　動人的畫面使我最深切地感受到了大自然的神奇。冰雪覆蓋的大地，一望無際的冰川，赤裸的碎岩，沒有生命。在這片寸草不生的貧瘠土地上，無止境的時光流逝令人震驚；凜冽刺骨的寒風吹著雪花默默地飄落，一片片巨大的平板形冰塊從山頂緩緩落下，還有黑色的峭壁上那裂開的岩面。我猜想，所有這一片冰凍的荒涼之地，在這個世界上，以極其微小的變化幅度，令人毫無察覺地、漸漸地形成了，就像我們的生命熱能在逐漸冷卻下去一樣。

　　然而我想，以更大的視野透視歲月，大雪默默地覆蓋著大地，冰川慢慢地向下移動，石塊從峭壁上落下，這樣的狀態已經有了很漫長的歷史，而這片土地正是我居住的地方。人們往往非常喜歡全面地按照人類的觀點來審視世界，面對這些廣袤的、沒有生命的荒涼地區，他們會不知所措，會感到驚愕，就會問自己，這樣的地方能有什麼用途。假如你相信風、雨、太陽和跳躍的溪水，正在一點一滴地修整著這些

僻靜的要塞，吩咐赤裸的山脊沉落入平原，最終讓上面長滿
莊稼，建立起人類的家園，那麼你想到寒冷的荒原時，就不
會感到難以忍受。接著你就能轉而透徹地思考世界壯觀的場
面；旋轉的地球，萬川匯集而成的大海，每天升起的太陽照
耀著沸騰的、冒著熱氣的地球；接著出現了熱帶雨林，而在
林中悶熱的、陰暗的地方長滿了神奇的植物；溫和的寒冷緩
慢地悄然而至，養育了動物生命，直到最後人類的出現，並
成為萬物當中最有能力、最奇怪的神祕群體，他們借助朦朧
的微光為自己描述著世界的進程。然而，遊蕩在海水裡的每
一滴水珠，落在杳無人跡的極地小山上的每一片晶瑩的雪
花，都有其同樣強烈的意義，其重要性同樣令人敬畏。每一
個生命自身裡都擁有同樣令人驚異的問題，相同的神祕深
度。所有這一切針對的是什麼？是否所有這些都有著更為深
層的意義？為什麼我們能利用神授的直覺看到所有正在發生
的事情，猜測所有已經發生的事情，然而，死後靈魂的生活
是什麼樣子 —— 哪怕是極小的概念 —— 我們卻完全不能形
成？難怪從事科學研究的人們，他們能看到我們自身微小直
覺的細微之處，能夠看到存在於我們周圍廣袤的世界，卻在
解釋神的心智方面感到迷茫；他們的說法是淺薄的、無效的。
唯一的解決辦法就是把我們的注意力集中在更密切的關注和
直接關係裡。沉浸在這些使人目瞪口呆的龐大幻想裡，只會

使我們麻痺和恐嚇自己的頭腦。假如我們希望找到一個準則，使我們小氣的自我吸收與上帝驚人的安排協調一致，我們就不能把這些安排放進我們的估算當中。但是，漫步在冰封的大海之濱，望著最遙遠的地平線，和重重山峰那白雪皚皚的山頂，我陷入了沉思。因為我覺得這一切不僅不是沒有意義的，而是擁有某種天大的祕密，就在我的手邊，但願我能揭示，這讓我在精神上產生了深深的敬畏：在我的心靈裡激起一陣親切熱烈的感激之情，感謝上帝允許我這個脆弱的聖靈穿過如此短的光陰空間，一下子看到祂那巨大的寶庫，甚至在祂身邊站了一會兒，與祂一起環視祂無邊無際的心的脈動。

9 月 11 日

　　有本書講述了發生在南極的一個小故事，讓我深感幾乎絕望和悲悵。三組探險者乘坐狗拉的雪橇開始盡可能遠的穿越冰川。他們的食物供給越來越少，而拉雪橇的那些狗，儘管還在心甘情願地賣力工作，可還是因為過度疲勞而開始一個個倒下去，再也拉不動雪橇了。探險者迫切需要食物，他們不得不一條接著一條地將狗殺死。每一組依次把看上去最精疲力竭的狗從營地引出來，然後殺死，拖回來的狗的屍體很快被其他狗吃掉。可憐的動物最後終於明白，到了傍晚，如果有人帶著一條狗離開營地，那就意味著很快就有食物吃了。這樣以來，餘下的拉雪橇的狗突然興奮地發出一陣快樂的叫聲，預示著一場悲傷的儀式即將來臨。就要犧牲的狗總是興奮地跟隨著私刑執行者，搖擺著尾巴，歡喜地叫著，以為自己得到了特別的寵愛，被主人帶出去尋找所需要的食物。這些狗從未意識到，牠們吃的正是自己同伴身上的肉，而被特別選中受死的狗也沒有察覺自己已經大難臨頭了。無限可悲的是，牠們在一定程度上是那麼聰明，可是牠們的智力又是那麼有限，對正在發生的事情毫不懷疑。我認為這是一種虛偽的感情，應拋棄的同情。但是我承認，一想到這些

毛茸茸的、眼睛明亮的動物，那麼歡快地隨著要殺死牠的人離開營地，我心裡總是會有一種無法忍受的悲哀。這條狗曾陪伴主人在冰天雪地上長途跋涉，走了那麼遠的路，心甘情願地拖拉著主人的物資和補給，卻為了延長同伴的生命而犧牲自己。

憐憫之情就這樣受到了糟蹋：也許可憐的狗發現自己曾那麼信任的主人舉刀要殺死牠時會有一陣子驚恐，然後才會渾身是血、倒在雪地上。只要人們自身的想像力不用在預示任何悲傷的死亡上，那麼無論什麼樣的痛苦負擔都會被解除！與此同時人們禁不住感到困惑，這些不引人注目的小生命是那麼心甘情願地為人類服務，結果卻死在人類手裡，牠們生命的意義是什麼呢？我們真的有權利這樣使喚牠們嗎？我禁不住想知道，牠們是否就是按照這樣的要求創造出來的。

9 月 12 日

「啊，上帝的羔羊，收回世界的罪惡，你賜給我們平安。」這是多麼悲哀的叫喊！每當這些話在我的頭腦裡迴響，我都會努力思考，這些話對我意味著什麼。

我相信基督的獻祭以某種無表情的方式帶走了惡嗎？我相信人們只有在基督死後才會去見上帝並得到寬恕嗎？我只能坦白地說，我不相信這其中任何的一點。我不認為，自從耶穌被釘死在十字架後，罪惡之泉就變得清澈潔淨，而不再流淌著汙濁骯髒。也許確實如此，但是除非統計資料能證明，否則我不會相信。不純的、殘酷的、自私的濁水仍然像溪流一樣，非常迅速地淌過整個世界。毫無疑問，福音的傳遞有減輕這濁水危害的作用；一年又一年，基督徒的愛、勇氣和希望在不斷增長；這是一個美麗而又自然的過程，透過認知，透過榜樣，甚至透過遺傳的本能，一代又一代人心心相傳。我看到周圍有許多人，他們公開表示不信仰基督教教義，然而卻靠基督教原則生活，他們從祖先那裡繼承了基督教的純潔和仁慈。所有這一切我都樂意相信。但是上帝並沒有真正帶走罪惡。

我也不相信基督的獻身能改變上帝的本性。假如祂現在

是仁慈的和充滿深情的，那麼祂以前也是仁慈的和充滿深情的；假如祂以前是嚴厲的、有報復心的、嚴酷的，那麼祂現在仍然是嚴厲的、有報復心的、嚴酷的。上帝在腦海裡苦思冥想出的人類與祂親手創造的人類背道而馳，古老而又持久的怨恨會隨著耶穌之死而被抹去嗎？事實並不是這樣。這個想法甚至令人無法忍受。

然而，有一種感受我可以說幾句；因為我全心全意地相信，但凡能夠領悟上帝的羔羊的本性，能夠強烈地渴望仿效祂的純潔無暇，祂的恆久忍耐的愛，這樣的人就可以在見過這樣一個景象之後，帶著更燦爛的光輝和希望的光芒回到這個世界。

但是救贖論的教義，就普遍理解的而言，其實是晦澀和複雜的，甚至是不規範的，必須講清楚其中的是非；其中不能含有半真半假的陳述。生與死的自然規律，就像科學研究緩慢揭示的那樣，已經足以讓人覺得模糊和神祕。也許是，上帝憤慨的正義感認為，一個犧牲者，如果還沒有理所當然地遭受痛苦，就有必要遭受痛苦。但是這種說法也踐踏了我所有的最高的正義感概念；它能損害、恐嚇和麻痺靈魂。我不得不問一句，救贖論的教義是否存在著任何證據？從野蠻獻祭盛行的歲月起，人類就試圖透過歸還屬於自身的一部分，來讓表面上看起來很憤怒的神平復，人類是不是已經把

自己的恐懼和困惑的陰影，投向了自己信仰的宗教？

我只能真誠地說，如果我有理由相信，就像通常講授和所接受的那樣，救贖論的教義代表真理，我可能真的會對生活、愛和上帝喪失了信心。

9 月 13 日

我曾聽到一個人說：「如果我能肯定身分不能延續，我倒願意在自己的有生之年盡可能多地享受生活。」又聽到另一個人說：「我努力去做正確的事，讓我這麼做的只是我對不朽名聲的信仰。」就我的判斷而言，我不認為這些說法是真實的，儘管我確信兩個人說的都非常真誠。我可以肯定，不朽聲名和身分終止的必然性對我們有著極大的影響。但是即使對最堅定的信念或最深度的懷疑而言，都沒有什麼可以接近實際的確定性。假如我們對不朽，或者對滅絕深信不疑，就像我們確信人一定會死那樣，那麼必然性一定會在某種程度上影響我們的生活 —— 但是即使這樣，「總有一天我們會死」的確定性並不會嚴重地影響我們的生活、我們的規劃與安排。一般說來，這樣的事更改不了我們的行動。至於死後的狀態存在或者不存在，如果缺乏直接的證據，這兩個選擇無論選擇哪一個，都不可能再對我們自身有多大的約束力。

那麼，如果一個人說，假如他知道身分將隨著死亡而終止，他就會以一個不同的計畫安排自己的生活，或者說，他對不朽名聲的信仰，是讓他努力去做正確的事的一個原因，我不禁懷疑，知識的缺乏和信仰的存在，可以或確實構成了

像說話者相信的那麼強的動機。事實上，我認為第一個人其實很有可能是在努力充分利用自己的生活，他相信所遵循的行動步驟能使自己一輩子過著幸福的生活；而第二個人呢，我認為他的信念即使不那麼堅定，也會努力去做正確的事。更精確地說，我認為整件事是互相協調的，在一種情況下，缺少確定性在很大程度上是生命的本能，就像人類避免追求即時的喜悅感的本能；而在另一種情況下，希望獲得不朽名聲的意向，並相信這是可能的，在很大程度上與努力做正確的事的意願一樣，也是出自本能。真正能引領人們的，無論是否與信仰有關，或者是和行動有關，靠的是性格，根本不是什麼信念；說實話，我不認為信念能夠像性格形成信念那樣反過來也形成性格。一個人，無論他是基督徒、佛教徒還是伊斯蘭教徒，傾向於為別人勞動，否定自己，為某種事業效力，我認為他們就會按照非常相同的行動路線來表現。我不是說這完全都是真實的，因為某個特定的信仰往往會強調某些美德，並使其容易付諸實踐，還有性格的形成在相當的程度上會受到環境的影響。但是我認為這種情況實際上是非常罕見的，在我的社交圈裡我想不出有這樣的事例 —— 去找到這麼一個人，由於他的信念，他就會把美德付諸實踐，或屈服於與他的性格完全無關的錯誤。我認為，透過努力改正性格錯誤，我們對後代的影響遠遠超過對我們自己的影響，

就像我們本身所受到的美德或錯誤的影響，更多的是我們繼承來的，而不是受到合理結論的影響。

我們行走時所依賴的光實際上在我們的內心，而不在我們的身外；而且正是在我們的靈魂深處我們才可以尋找到光，而不是從外部的任何照明物中去尋找。

我相信，假如出於各式各樣的目的，我們接受了事實，那也比花費時間、試圖瞥見未知事物的隱約閃現要好一些；至於等待我們的會是什麼，我們並不想獲得任何確切的資訊。在這一點上，這樣的證據在任何情況下都純粹是直觀獲得的；如果缺乏正常的和普遍的證據，我們就必須謹防輕信人類的想像力，無論想像出來的景象多麼純潔、多麼熱烈、多麼充滿希望，因為實際上我們的確定性是以其為基礎的。

9 月 15 日

今天上午我一直在讀聖經，偶然在舊約的《歷代志》下裡讀到這樣一段奇怪的話：

「約雅斤[11]登基的時候八歲，在耶路撒冷作王三個月零十天，行耶和華眼中視為惡的事。」

我常常感到不明白，這個可憐的孩子做了什麼？他的名字是否被用來掩蓋某個殘酷大臣的行為，而他坐在王宮這座「幼兒園」裡，身邊堆滿了各式玩具。想像一下我們所知道的那個時代的最自私、最愚蠢、最剛愎、最不知滿足的孩子。假如這個不幸福的小傢伙 9 歲時就死了，父母在他的墓碑上刻下這樣一段銘文，我們該想些什麼呢？

也許過去的編年史作者只能得出這樣的結論，小國王的行為極端可惡，因為他被尼布甲尼撒二世[12]帶走，此事可以

---

11 約雅斤（英語：Jehoiachin），猶大王國的國王，約雅敬的兒子。8 歲時，在耶路撒冷登基，在位只有 3 個月零 10 天，尼布甲尼撒二世攻占耶路撒冷，將他和王室、工匠擄到巴比倫。

12 尼布甲尼撒二世（英語：Nebuchadnezzar），巴比倫的迦勒底帝國的君主，他因在首都巴比倫建成著名的空中花園而聞名，同時也因毀掉所羅門聖殿而為人熟知。他曾征服了猶大王國和耶路撒冷，並放逐了猶太人，《聖經》上對此有所記載。

用來證明神的不悅。在這些古老的編年史裡，作者在衡量人物角色方面根本沒有很好地做出嘗試；人們要麼死於作惡，要麼死於行善；他們似乎從未回復到原來的狀態，惡性、美德，非此即彼。

我曾聽到一個使人難以容忍的牧師選用了這個低劣的文本，揮舞著，就像在小孩子頭頂上揮舞著鞭子那樣。我不禁想知道，在神的注視下，他正在做什麼？

但是假定約雅斤這個約沙王是個邪惡的、憤怒的、自私的孩子，那又是誰的錯呢？人們有時遇見的這些本性，如果從一開始就是墮落的、惡毒的、殘忍的，那麼又是如何擾亂人們對天道、對上帝的信仰呢？因為這是地位或身分所帶來的的痛苦。如果人們能夠相信，上帝曾經創造了完全沒有價值的、邪惡的人，對自己和對他人都是純粹的痛苦之源，那麼上帝或者不是萬能的，或者不是仁慈的。

9 月 18 日

　　這裡的教堂裡有個紀念碑，或者說是一塊紀念牌匾，大概有上百年的歷史了，靜靜地記錄著一場過去的悲劇，教堂牧師的三個兒子相繼英年早逝。大兒子去世時 25 歲，第二年又有一個兒子死去了，18 歲，接下來的一年，三兒子死了，16 歲。關於這些可憐的人們，我找不到任何相關的資料；但是，不管這個故事如何，無論是從父母的角度還是從孩子們自己的角度來看，都很難感覺得到，這個故事可以表明一種仁慈的愛。它似乎是一場不可救藥的悲劇，如果誰讓我根據這些事情的來龍去脈創作一篇小說，以希望和美麗之光來顯示神的旨意，我會發現這是一個不可能完成的任務。人們能夠做的，充其量也就是在遇上無法抗拒的災難時畫上一幅畫，忠實地、脆弱地予以順從；至於這三個兒子，年紀還不大就死了，我要麼把此事描述為清白生命的終止，要麼沒有抱怨地加以接受；或者將他們從不可避免的痛苦的陰影裡移開，從他們不適合參與競爭的世界裡移開。境遇所造成的悲劇困擾著我，一場悲劇就在我如今居住的這些地方上演。

　　也許有人會說，如此密切地考慮一場悲劇的環境情況，裡面的演員我又不認識，我是不是有點病態？又說，假如我

圍著其他一些逝者的紀念碑轉一轉，我會發現大量的證言，表明許多人是長壽的，他們安樂地度過了一輩子；而且平均壽命和幸福指數也應當一併考慮。

但是這個解決辦法幫不了我，理由很簡單，那就是我們人類每個人被賦予的是獨立的個性和意識。無論是何種解決辦法，不能只是適用於大多數人的情況，而要適用於每一種個體情況。假如人類的造物主確實是萬能的和愛所有人的，那麼祂創造出來的每一個人都應當享受自己的希望，應當獲得足夠的光來面對所遇到的問題，擁有足夠的證據來使自己確信，他是天父親切關愛的對象。將我們的個體意識融入種族意識；意識到在這個世界似乎存在著某種疼痛和失敗的成分；忍受更多的苦難，我們也許正在多少減輕一點負擔，因為這是一個崇高的、高尚的和符合哲理的定位，而用這樣的想法也可以安慰我們自己；但是這需要相當無私的胸懷，相當多的更理智的想像，而無私和想像，才有可能讓其成為那些年輕、脆弱、缺乏想像力、頭腦簡單的人們所採取的立場。比如說，人們應該有能力使一個被判定接受痛苦和早逝的男孩相信，也許不是因為他的過錯，而是有個命運早已準備好了等待著他，如果他能完全意識到這一點，他就會非常心甘情願、甚至快樂地接受自己的厄運。但是我們能這麼做嗎？啊，我們能說的最多的是，在變得昏暗的心裡和困惑的

頭腦裡，仍然潛伏著一種希望，即也許就該如此。就像那塊大理石石板上記載的那樣，將悲劇認為是意外發生的事，令人無法忍受；而讓人將悲劇視為仁慈的和寬容的，那更是幾乎不可能的。我們希望能夠面對的唯一方向就是要相信，上帝的設計是如此廣闊無垠，如此令人敬畏，所以表面的異常現象最終似乎具有非常細微的特性，因此這些現象不僅不會使我們感到困惑，而且還能按照巨大而驚人的計畫、依序地排列起來，而這樣的計畫會讓我們滿意，超出了我們最深切的希望。但是在沉悶的、令人不舒服的日子裡，當痛苦如此緊迫地臨近，當希望是那麼遙遠，通往前方的路受到無數障礙的困擾；上帝，假如是我們以為的樣子，假如祂能如此保護我們的希望，以使這樣的事情變得可以忍受，那麼在祂的考慮當中，祂肯定有某種奇怪而又美麗的意圖。

其實，我幾乎不敢為自己描繪那個可憐人家驚恐失措的痛苦場面，當時，大兒子死後，地平線上出現了恐怖的召喚，二兒子必須交出自己的性命；當二兒子也死了，病魔之手慢慢地伸向還活著的第三個兒子；接著，第三個兒子也長眠地下了，留下了孤獨的父母悲慘地活著，不時地回憶起過去美好的日子；聽到別人家傳來孩子們悅耳的笑聲，看到別人一家老小幸福地生活在一起，相親相愛，讓老兩口相信他

們有義務頌主之聖名，可是主能夠給予也能夠奪走，那該是
一項多麼艱難的任務！

9 月 21 日

　　最近我在讀葉慈先生論威廉·布萊克[13]的散文。在這篇優美的散文裡，葉慈說道，在布萊克時代，「教育人民相信，他們可以透過閱讀充滿想像的書來消遣娛樂，但是他們需要透過聽布道、做或不做什麼事來『塑造自己的靈魂』」。葉慈接著說：「在我們這個時代，我們都知道，我們透過閱讀古代偉大作家的作品，或者雪萊、華茲華斯、歌德的詩歌，或者巴爾札克、福樓拜、托爾斯泰伯爵的小說，或者觀賞惠斯勒[14]的畫作來『塑造我們的靈魂』，與此同時我們透過聽布道，或者做或不做某些事情來自我消遣，或者最多是塑造一種較差的靈魂。……無論我們嘴上信仰什麼，我們心裡信仰的是……如果時代開始退化，神聖之手就會重重地砸向低級趣味和粗俗。」

　　這是個很好的概念，表述也很優美，也許體現著那些生活在藝術當中，還有為藝術而生活的人希望完美的本質。

---

13 威廉·布萊克（William Blake, 1757-1827），英國詩人、畫家，浪漫主義文學代表人物之一。代表作：〈米爾頓〉、〈耶路撒冷〉等。

14 惠斯勒（James McNeill Whistler, 1834-1903），美裔英國印象派畫家。他追求「為藝術而藝術」的唯美主義，代表作：〈母親的畫像〉、〈白衣之神〉等。

但是我特別想問問作者，他所表達出的信念是從哪裡來的？他把倫理的和所謂的宗教的生活解決方案擱置在一邊，回過頭來依賴於藝術的解決方法。我料想，他一定會說，這是一種直覺，非常強烈的直覺，所以對他而言有著信仰般的力量。但是我渴望得到的是足夠的證據，說明這一直覺存在的真實性，這才能使我願意朝著他指出的方向移動，接受解決方案。毫無疑問，出生在這個世界上的某些人具有一定的特性，對他們起支配作用的美是那麼親切，是那麼有約束力，所以他們憑直覺相信，上帝本性的實質就是美。但是這些具有特性的人比較少見；沒有跡象表明他們正變得普通一些。世界上還有一些人，他們的直覺同樣強大，其生存問題的解決方案將被證明是與倫理有關的；這些人對道德之美的敏感不亞於畫家對藝術之美的敏感程度。但是還有數量更為龐大的一種人，他們的直覺同樣非常強烈，人生在世的最終目的就是成功和物質享受；所有這三種類型的群體都有一定數量的證據為他們辯護，因為無論怎麼講，他們熱心追求的有形對象和無形思想都是上帝安排的一部分。

在表述方面我沒有談及到的是某種大度的寬容，就是上帝以各種方式要求人們遵從的信仰。以葉慈先生提出的確定性來宣布一個結論，顯然是把他置身於預言者的行列，而不是詩人的行列，而詩人的作用他認為是低劣的。這一陳述在

我看來似乎與舊的正統派一樣是教條式且不切實際的。如果人們仔細觀察生活，自然法則要懲罰的，似乎唯有粗心大意和無度放縱的行為；葉慈的說法嘲弄了天真無邪和美好的東西。如果父母或祖父母違反法則的節制，葉慈就看上去像是利用深重的不公平攻擊最純潔的、最甜美的人格。即使再多的個人美德，甚至再好的高尚品味，也不能使邪惡的人不幸的子孫免於承受祖上罪惡的重擔，雖然說祖輩本人不用負擔。真正地從哲學的觀點考慮這個見解，也許有人會說，人類實際上不得不聯合在一起，保護自己免受上帝力量盲目的操縱；而在有宗教信仰的地區，他們同樣聯合在一起，當某個受折磨的人不能領悟時，他們相互鼓勵，相信上帝本性的公正和神聖。

在一段宏偉的篇章裡，葉慈先生繼續說道，一切存在的事物都是神聖的，又補充說道，沒有什麼不是神聖的，除非是不能留存的，例如殘酷的行為，以及一些其他形式的罪惡。他說：「強烈的情感是最神聖的，因為大多數活著的人，都將進入他們翅膀上承載的永恆。」

但是這一見解，儘管也是崇高的和莊嚴的，同樣還是非哲學的。有些堅決對抗美和道德的就像疾病、低劣的本能和罪惡，本身就有一種可怕的活力。「我的敵人活著，而且非常強大」，詩的作者寫道。而這話到今天依然是真實的。甚至

感情本身也是具有破壞性的，而且很清楚的是，葉慈先生把個人情感包括在他的思想當中，並不僅僅意味著寬宏大度的熱忱、愛國心、美德、無私和高尚的義憤。

　　這是問題最為可怕的所在。強大的力量，被創造的萬物之後運轉的力量，似乎站在對陣的兩方；它可以促使我們不顧本性和本能而變得懶惰、自私和膽怯；另一方面它又吩咐我們要高尚、善良、平靜和勇敢。服從和追隨哪一方迫切的召喚，不理睬或抵制哪一方，做出決斷是很難的。勝利並不在於不顧後果地追隨慷慨的衝動，追求吸引人的美德，而是在於靈魂明智、寧靜的平衡；本能和理性，彼此不相同的夥伴，必須為達到共同目標而聯手，就像古老的故事裡的瘸子和瞎子走在朝聖的路上，單獨行動誰也到達不了目的地。瞎子帶著瘸子同伴，借出他的腿，借用同伴的眼睛。

9 月 22 日

　　我知道，在這些篇幅裡，我很少說到法蘭克，然而他就是一直不知疲倦、無止境地做著好事。他真的讓我覺得，我住在他家裡，在這裡養傷，還有所有需要承擔的費用和麻煩，對他來說，似乎都是讓他感到快樂和喜悅的事。他總是充滿希望和快樂，在他身上你看不到任何虛偽的影子；我覺得，在他的腦海裡從來都不會閃現嫌麻煩的想法。他不斷來看望我，為我帶來愉快和寧靜。他是那種感情非常豐富的人。

　　然而，我一直沒有就這些話題與他說上一句，而這些話題早已裝在我的心裡；對他來說，所有這些不過是純哲學的思考，與其說是邪惡的引誘，不如說是像我這樣性格的人要忍受的、不愉快的負擔。這使他更加溫柔，更富有同情心，更有奉獻精神。法蘭克似乎從不懷疑什麼，也很少有什麼難事。他的生活理論非常簡單；那就是人們必須相信別人告訴自己的事情，不要讓自己的判斷與世上累積起來的智慧彼此對立；一切都會以某種方式，或者是在某個方面好起來的，與此同時人們必須盡自己最大的能力幫助他人。

多麼純潔而又高尚的信念！只有繼承古代快樂的聖徒，融入相當溫和的、健康的、平衡的本性，不受思想弊端的困擾，才有可能達到這樣的境界。然而我並不嫉妒法蘭克的確定性 —— 如果有更多的人像他這樣，世界就會變成更為幸福、更為簡單的家園。當然，他不是對困難的事閉上眼睛；他看到了，但是這些事情對他來說似乎不存在。我想，他幾乎完全是靠本能而生活著。然而，他又是一個有才幹的人，喜歡讀書，很有鑑賞力。他不願意評論別人的錯誤；如果有些人做了他認為不對的事情，他不會責備 —— 他只是替他們感到遺憾。他信仰上帝；他相信魔鬼的存在，儘管他把魔鬼稱之為邪惡的人格；但是他不渴望了解事情是如何發生的 —— 知道事情就在那裡，這就足夠了。

　　與他在一起為我帶來了很多好處。我知道他喜愛我，而我也喜愛他。如果他知道我對他的欽佩和熱愛，思索著他的存在，他絕妙的確定性，他強大的信仰，他旺盛的能量，他也許會覺得很奇怪。可是我真的很想更深入地探索存在的本質這個難解之謎，這個想法持續不斷地在我的心頭縈繞。

9 月 24 日

　　昨天，住在附近的一位牧師來看我，與我進行了一次奇妙的談話。他很有能力，正在探索當今世界所缺少的信念。他說，人們為什麼做事沒有效率，其原因就在於他們不自信。他補充道，我們本不應該按照伊拉斯謨[15]的教誨搞什麼宗教改革；那場運動起源於 16 世紀歐洲宗教改革運動的發起者馬丁·路德[16]，儘管他與伊拉斯謨相比是個受到更多限制的名人。

　　我說，我認為確定性目前是越來越難獲得的東西。科學和史學的研究評論表明，古老的宗教確定性是不可能的；但是我補充說，我相信沒有過程就沒有收穫；一個人越是與真理背道而馳，越是會變得更實際些，這是不可能的。

　　他似乎對這個結論並不滿意，傾向於認為荒謬的確定性是占卜者的事情，而不是合理的不確定性。他說這完全是一

---

15 伊拉斯謨（Desiderius Erasmus, 1466-1536），荷蘭著名人文主義思想家和神學家。是一個用「純正」拉丁語寫作的古典學者。代表作：〈愚人頌〉、《基督教騎士手冊》、〈論兒童的教養〉等。

16 馬丁·路德（Martin Luther, 1483-1546），德國基督教神學家、宗教改革運動主要發起人。提倡因信稱義，反對教宗的權威地位。代表作：〈教會被擄於巴比倫〉、〈論基督徒的自由〉等。

種不可知論，並且說在一些宗教地區，獲得准許的不可知論似乎每天都更常出現，這種狀況讓他感到苦惱。

事後我作了反省。確實如此，我們越是透過對大自然的研究了解上帝，我們對上帝越是變得不確信。例如我們的祖先相信，舊約裡的故事，上帝與被選中的以色列民族的來往，記錄的都是事實。但是如今有許多非常真誠的牧師，他們幾乎不相信舊約裡奇蹟的成分；他們不再認為摩西把十誡從山上帶下來，運用上帝之手刻寫在石板上；他們不相信神提議以撒的獻祭，或者提議異教部落的滅絕。他們真誠地相信，作為神的忠告和建議寫在舊約裡的，體現出來的大多數內容，實際上是人的政策，因為掩蔽的、出於外交的緣故，是迷信的崇敬。他們真的不相信，某一天，當巴力先知無法乞求上天降火，而以利亞先知卻用自己的祭壇降下天火；或者摩西在埃及散播瘟疫，海水像一面牆立了起來，讓兩邊的以色列人穿過。

正是這一點，使我們的神職人員的立場如此令人不滿；他們仍然一定要給出一種正式的證明，鼓吹紀錄的真實性，而實際上他們對此並不完全相信。

這種老套的理性主義能產生什麼結果，能經受住這種理性主義的又是什麼，這個問題很難說。但是對所有勇敢的、熱愛真理的人們來說，道路是清楚的。非嚴謹的真理陳述，

我們絕對不能接受，除非原因和經驗在某種程度上能夠得到證實。足以抵禦理性主義解決方案的武器似乎就是基督性格的存在；也許圍繞著基督性格有很多不符合歷史事實的傳奇，但是沒有什麼能夠消除上帝教誨，和上帝榜樣的奇蹟和莊嚴。我們也許為了這樣一個形象，為了這樣一種生活，為了這樣一類道德德行的概念，而徒勞地去遍尋人類的紀錄。這是至高無上的實例，是人類直覺所不能及的，只能透過理智和經驗證實其結論。

　　然而，如果可以虔誠地這麼說，上帝的發現是多麼簡單。最崇高、最強烈、最親切的人類情感，將這樣的情感與上帝分享。基督沒有說上帝是慈愛的，但是說了上帝是愛。一個凡夫俗子會見過這樣的事，說過這樣的話嗎？我想不會。而我的信仰，就是以這樣的堅如磐石的思想為基礎的。

9 月 25 日

　　默里，我們的鄉紳，今天過來看我；他待人誠懇熱情，是一位很優秀的人，我喜歡他，也尊重他；他通曉事理、脾氣又好、溫和體貼 —— 完全屬於那種在公立學校靠著成績嶄露頭角的人，而且，假如學校規定透過考試獲取鄉紳職位，他一定會被完美的競爭性考試選中做鄉紳，就像中國的「學而優則仕」。

　　遺憾的是，他還帶來了自己的一位表弟 B。這個有爵位的貴族我以前見過，可惜我不喜歡他。B 曾在伊頓讀書，是一個不太引人注目的學生；他不喜歡參加體育比賽，功課也很一般，很少有人搭理他。在家裡，他從小到大都受著寡居媽媽的溺愛，任性放縱。這個公爵的女兒是個愚蠢的母親，十分看重自己的社會地位。他在牛津的時候我也在那裡，但是我不認識他；他屬於那種行為放蕩的人，最終因為做了相當骯髒的事，毀了一個小商人的鋪子之類的事情而被學校開除。從那以後，他再沒有做過什麼特別的事情。他沒有結婚；他非常富有；他不打獵，他常常去看賽馬，有一幫相當粗俗的朋友，他們整天與他在一起，我看是在逗他開心。他又高又瘦，長著鷹鉤鼻，前額短而寬，更不用說下巴很小；他的

眼睛挺大，但是目光冷漠。他看待自己周圍人的方式，我只
能將其描述為傲慢無禮的，好像他感到驚訝、奇怪：他這樣
與眾不同的人，怎麼沒有獲得卓越的地位。他的禮貌缺少謙
恭；他的話不多，實際上他也沒有什麼可說的。他在自己家
裡與人交談，話題總也離不開對朋友的行為和相貌妄加議
論，隨之就是一陣竊笑。我想不出默里怎麼會受得了這種人；
但是默里從不排斥任何人，並且說，要是了解了 B，就會知
道他真的不是一個壞傢伙。

　　當然了，我也許對他的評價有些苛刻，但是我承認，我
認為這個人受到了物質欲望的拖累。他對自己的財富和地
位，是非常得意的，對那些不如他的人們，他就瞧不起，沒
有任何憐憫之情。我確信，他是一個自私而無情的人，甚至
還可能有些殘忍；從身體上講，他還是個懦夫。假如他是一
個貧窮的、平凡的人，他一定會仗著長輩的勢力欺負自己的
妻子和孩子。想讓他從自己莊園拿出一點錢財來為民眾做點
事，是非常困難的，何況他可不想費心去了解民眾。

　　奇怪的是，為什麼那麼多公認為是稱心如意的大好事，
偏偏都落在這個人的頭上，供他恣意濫用；他也是一個開心
的人，因為作為富豪，他享受著被人仰慕的生活。人們十有
八九都願意與他交換位置，還有那麼多的美貌姑娘毫不遲疑
地願意嫁給他，這真的是一個令人覺得恥辱的事實。他還可

能活到很大的年紀，因為他是一個健壯的傢伙，非常注意自己的身體狀況。如果他活到八十歲，他的一生就能收到超過兩百萬英鎊的錢，而這些錢他一分都不願意花在別人身上。他會在一個古老的宅邸裡過上很多年，那是多麼滋潤的日子，精緻的花園裡，矗立著一座裝滿藝術珍寶的殿堂。他會帶著從未真正贏得過的榮譽和尊敬生活著。與此同時，假如他沒有結婚，繼承他榮譽和財產的人也許真的是一個好人，一個對社會改革有著自己的觀點、工作努力的政客。

整件事似乎很奇怪，完全是錯誤的扭曲。如果 B 先生想成為一個堂堂正正的男子漢，一方面他需要的是謙卑、辛苦工作和遭受挫折 —— 而另一方面他需要的是寬宏大量、富有感情以及無私。在如此一個真實的存在面前，生命是一段試用期的理論似乎被擊成碎片，因為這個淺薄的、傲慢的、得意的小人，似乎被恰好地放在這樣一個位置，享受著人世間的榮華富貴，使他有條件養成自己所有的惡劣品行，日復一日地受人吹捧，還以為自己很偉大、很高貴、很重要。人們不禁要問，盡情地愚弄這樣一個人有什麼用？如果死後真的還有一種存在，那必定是粉碎幻滅的時刻。無疑，這個過程，無論什麼樣子，不能以某些更簡單的方式完成嗎？當然，也許有人會說，人們不該過多地考慮物質條件，還會說，人們應當覺得上帝關心的是靈魂，而不是靈魂在塵世的

環境。但是如果是這樣，為什麼這種本能如此深入、如此廣泛地植入人的本性當中，給予財富和地位的外觀象徵如此高的評價？大多數人羨慕 B 先生，很少有人對他為何有權享受這樣優勢的地位提出質疑。像 B 先生這樣的人，確實讓人們覺得世界的哪個環節出了問題，並且動搖了人們對講道壇數千次反覆灌輸的道德觀念的信任，因為不可否認，B 先生是一個幸運而又快樂的人，而且不覺得受之有愧；即使災難現在降落在他的頭上，他也活了二十多年了，自鳴得意地享受了這個世界能夠給予他的最好的東西；而且就像我說的，假如他來世會醒悟，似乎也沒有必要殘酷地在他周圍安排如此精緻的幻覺。

9月28日

　　勳爵 B 的來訪使我想起《路加福音》裡財主和麻瘋乞丐的寓言；當然這是一個非常奇異的、非常社會主義的故事。

　　財主並沒有被描述成殘忍的、惡毒的、或自私的人；實際上還有些相反，因為他在陰間受折磨時，他關心著自己的五個兄弟，希望他們還在上界平靜地享受生活，並祈求將自己悲慘的真相透露給他們。而乞丐沒有被描繪成慈善或者充滿深情的人；在故事裡他深受折磨，卻盡可能地去爭取獲得樂趣，即使只是在陽光下用力咀嚼爛肉。財主和乞丐似乎在陰間受盡折磨並重生，目的僅僅是讓他們換位體驗對方的感受。被上帝賦予財富的人，因為一直富裕而遭受其他折磨；而同時上帝令病困交加的人因為貧窮而得到撫慰。人們一定會想當然地認為，財主是惡毒和殘忍的，而乞丐則是有耐心和善良的；但是在故事裡基督從未對此作出暗示。而且，還有父親亞伯拉罕可怕而又嚴厲的回答：「他們有摩西和先知的話，可以聽從。」可是他們能聽到什麼呢？摩西和先知們從未說過富有是錯誤的，反而說過繁榮是美德的自然回報；他們當然沒有對來世給出任何暗示，說有錢的人死後將遭到懲罰，所擁有的財物將要償還給人世之類的話。悲慘的財主也

許認為，自己的靈魂在另一個世界向兄弟們發出的警告會有一種震撼的效果。但是亞伯拉罕說道，這將不能說服他們。說服他們相信什麼？就是放棄自己的財富，陷入貧困和疾病當中，以便他們也許可以贏得回報？

順便說一句，在故事裡，也許不會被送回人類世界的這個人，基督並沒有賦予他什麼合適的名譽，以供人回憶，這是多麼奇怪啊！

然而，關於這個寓言，還是有一種莊嚴，一種真實性，這樣可以使人們覺得這是非常真實的基督格言。不能說不應該強調細節，因為基督所說出的話非常少，這是其中的一個論述，而在這個論述裡他有意暫時把死亡面紗拉開。我覺得很難相信這不是有意說出的話；然而，缺乏對財主的任何道德上的譴責，或者缺乏對乞丐的任何道德上的認同，我發現非常難以評判，對一個人的懲罰或對另一個人的獎賞，有任何表面上相似的公正。確實，原話的紀錄也許並不完整；但是從另一方面看，這裡面提供的豐富的戲劇性細節，能讓人們覺得自己更加接近基督的話。基督的告誡似乎並沒有說，人們必須很好地運用財富或耐心地忍受貧困；但是，在這個世界擁有財富，就似乎必須在另一個世界裡承擔可怕的後果，而在這個世界裡貧窮、遭受病痛折磨，就能獲得未來的幸福 —— 我無法解開這個結。

10月3日

　　我的身體一天比一天強壯起來。我日記寫得少了一些，因為我在生活，而不是在思考。每一天的生活都讓我留下了那麼多甜蜜溫馨的印象，只是我無法從中做出選擇。我似乎不想把我的感受記錄下來；能夠體驗如此美好的每一天足夠了。

　　夏天過去了；樹木像是被塗抹上了金黃色的色斑；花兒一朵接一朵凋謝。然而，每天似乎都充滿著新的令人驚奇的景色，我以前好像從未注意過。我一直在觀察著，精心收集和記錄讓我留下深刻印象的事物，寬恕我吧神，我把這些印象用來裝飾我的書。在這個世界，可以看的、可以愛的是那麼多，我覺得自己似乎再也沒有時間重新開始寫作。以前，對那些美好事物的凋謝，總是有一種不可挽回的遺憾；而現在，每一點變化，都似乎充滿了重大的意義，即使是死亡的變化。過去的每一天似乎本身就是完美的，無論金色的陽光是否照耀在亂蓬蓬的花園裡，或者陰沉的天空是否在沒完沒了地下雨。天外似乎有一個強大的神靈；不是十分慷慨的夏天聖靈，而是一個更強壯、更嚴厲的神靈，也許更莊重、更親切，在短暫的暮色裡，坐在生鏽的葉子上沉思。

10 月 7 日

　　有一段時間，我的新聞工作需要我必須去外地待上一個月。我總是關好我在倫敦住處的門窗，臨時寄宿在鄉下一個寧靜的小鎮上；助理編輯休假的時候，我在那裡負責一個分支機構。那裡有我的一些朋友，所以我很喜愛那個地方。然而在我離開鄉鎮時，我時常會有一種流放感和不舒服感，我的習慣被打斷，我的生活計畫被搞亂。相同的過程總是在我回倫敦的途中發生。我總是很不情願地離開我在鄉下的寓所。我常常為自己描繪倫敦生活令人不愉快的一面，與人們相處的複雜關係，城市的喧鬧、匆忙和壓力。然而，回到倫敦住上一個星期，我又會覺得這裡是我唯一喜歡住的地方。

　　人性當中的這種本能如此根深蒂固，真的是不可思議；因為，儘管我在倫敦很清楚地知道，我應當去鄉下愉快地住上一個月，而在鄉下我又非常清楚地意識到，我是那麼喜愛倫敦的生活，然而這種確定性從未為我帶來一星半點的安慰。

　　這恰好象徵著我們大家在意識當中對死亡的感覺 ── 日常熟悉的活動暫停而已。但是奇怪的事情還是在於，人類經遺傳而得到的各種本能從未幫助我們減少麻煩。如果說有什麼能確定下來，那就是生命是短暫的和不安全的；我們沒有

常存的城；儘管如此，我們的內心仍然存在著深深的渴望，那就是渴望持久；希望事物照現在的樣子保持下去；可以讓我們停留在熟悉的環境當中。即使是最具有冒險精神的人，他們喜歡改換環境、外出探索、不畏艱險，在死亡面前也會因心驚膽戰而退縮。令人困惑的是，創造我們的力量，本應該把我們置於寧靜與安全的環境裡，但實際情況卻不是這樣，反而讓我們對寧靜和安全產生了強烈的渴望。更奇怪的是，人類逐漸累積的經驗，經過數百年的傳承，本不該讓我們險些默許將我們自身從生命當中根除或移植。我們不可能看明白這一非常規現象如何有助於我們獲得最終的幸福；然而，確信最終的幸福，卻常常能使這種明顯相反的證據倖存下來。

10 月 12 日

　　我經常在書裡讀到一些患病的人談自己逐漸康復的喜悅之情，但是這些趣事往往過於強烈，過於美好，超出了人們能想像的樣子。

　　我一天天變得更有力氣。我能散一兩個小時步而不感到特別累；對人間的各種聲音、氣味、光線的感知讓我產生了難以言喻的喜悅。今天，當我看到一隻紅腹知更鳥飛到離我不遠的地方啄食，聽著鳥兒尖聲發出的悅耳鳴叫，我幾乎流下了眼淚。飯菜辛辣的味道似乎是我從小到大從未聞到過的。當我愉快地度過一天，感到有些疲倦，躺在鋪著白亞麻床單的床上時，我覺得很爽快，非常舒適，非常愜意。我所見到的、所做的、所聽到的任何事情，似乎都有著豐富和甜蜜的意義。一個眼神、一次握手、親人的一聲問候，都會為我帶來一陣驚喜。長時間的休養讓我的靈魂得到了清洗，更加乾淨，更加純潔，我的心彷彿重獲新生。

　　我有些日子沒有寫日記；那是因為實際生活的簡樸一直是那樣有趣，我沒有時間認真思考。然而，當我一頁頁讀著字體歪歪斜斜的記載，我並沒有覺得那裡面有什麼病態的內容。實際情況是什麼樣子就如實記下來。所有不安的想法，

所有黑暗的祕密都記在那裡；只是眼下，在新生活的光輝裡，我沒有空去想這些東西。

再過幾天我就要離開這裡。我總是不喜歡搬來搬去；厭惡突破我的社交圈，改變我的生活環境，接受新的生活方式。不過，我平靜的幸福生活已經夠多了，足以使我擺脫這樣的煩惱。我打算去海邊住上一個月；我已經說服法蘭克同意我帶孩子一同前往，而孩子聽說後欣喜若狂。其實，我發覺自己也在盼望著有機會和孩子們快樂地相處一段日子。

再怎麼說我都還沒有完全康復。有點頭暈，沒有力氣，總是氣喘吁吁，有點虛弱。但是這些症狀一天天在減退；讓我充滿活力、身體健康是一件多麼奇特而又美好的事，所以那些不舒服的症狀甚至都不那麼討厭了。我似乎對自己正在做的事感到滿足。如果走不了路，我可以坐著看書；如果讀不了書，我可以四處張望；我甚至能以一種饒有趣味的放棄感陷入沉睡當中。

確實，我似乎又變成了孩子 —— 意識到我迄今為止還沒有意識到的事實，也就是說，在很大程度上，我還沒有意識到自己的身體素質自孩童時期起已經有了改變。我對自己身體的感覺總是一樣的；但是現在，我的身體有了主動的快樂，迅速的康復，對細小事件的敏銳感覺，這些曾是我生活當中擁有而失去了的。

10 月 14 日

　　明天我就要離開這裡；我的大部分行李已經收拾好了 —— 就是好多個月前我帶到這裡的那些物品，本來我原計劃是在這裡小住幾天的。我來的時候是冬天；現在卻已經是秋天了；對我來說春天和夏天在某種奇怪的感覺中過去了；我覺得一道深溝把我與過去的生活體驗分開了 —— 其實，儘管我養病的這段體驗似乎正在漸漸淡去，舊的生活還是要慢慢注入新的生活中。

　　我已經經受過人類所知的最黑暗的體驗 —— 不，不是最黑暗的，因為我還沒有被迫面對絕望的痛苦。只要不疼了，我遭受的痛苦還是非常少的；但是就一個人能確定的來說，我曾兩次確信自己就要死了；兩次我失去了對生命的掌握，只能等待末日的來臨；兩次我爬回到生活當中。我從中獲得了什麼？今天我很難說出來，因為我似乎又重新出生；新的生命脈搏強有力地、均勻地穿過我的血管；新生的歡喜與我的思考如此和諧地融合在一起，我無法從中解脫出來；很難領悟到我是否獲得了什麼經驗，等我再次遭遇黑暗日子時，這些經驗不會拋棄我，就像有時候這樣的日子一定會到來那樣確定。

我已經不懼怕死亡了嗎？我不會這樣說。如今看來，生與死似乎都是美的，充滿著甜美和祕密，像夢幻般的音樂一樣。

　　我的信仰是什麼？我的宗教是什麼？如今這個問題似乎變得簡單些了，可以比較自由地去思考，不再是與知識混為一體的希望，一個奇怪的混合物，歷史的一部分，哲學的一部分，道德修養的一部分，如今似乎已經變成一種緊密的親屬關係，精神上的接近。在它的後面似乎有個聖靈，祂能一整天都看著我，聽見我說話，稱許我的行為，愛著我。

　　然而，與以前的我相比，我還是不那麼肯定自己的信仰是什麼；我疾步跑進一片靜靜的田野，那裡充滿著明媚的陽光。我過去的懷疑，所信奉的教義、信念，似乎像是遙遠城市的喧囂。我從前的困難，複雜的思考邏輯，如果與我新的明亮的心相比，就像是研究解剖學。我意識到了在某種意義上，青春的力量比以往更令人確信，因為在神祕的布幕後面似乎有什麼東西在喘息，在走動；而這層布幕我不再渴望去揭開。以前，我似乎像個孩子，掀開窗簾的一角，望著外面漆黑的夜色。

　　我曾在日記裡說過，信仰應當是一種生氣勃勃的希望，理性地在前進的路上走好頭幾步；這就是今天我所感覺到的。希望是我的，道路就在那裡；我丟棄的一切似乎是一幅虛構的地圖。

　　然而，我不知道，這種鮮明的、與我糾纏在一起的直覺有多少是身體健康的結果。也許我已經獲得了多年不曾有過的念頭——那就是長眠。默默儲備起來的活力似乎不能永遠持續下去；我將疲倦，鬆懈，神經衰弱，再次被遺棄，我很清楚。但是這一切不會完全離開我。我已經更靠近大地的核心力量；我就像一個人，他從地上拾起一塊石頭，看到一條隱祕的溪水在黑暗的拱橋下面快速流淌。我已經靠近了愛。這裡的這些親人，我想我以前是真的愛他們——他們的生活超出了我的生活範圍，而今混合在一起了。這不僅僅是我們的生活已經日復一日地相互接觸。比如說，在我無助的時候我一直依賴於他們，以前我可從來沒有這樣依賴於他人——這是不同的事情；在我的靈魂和他們的靈魂之間流淌著一股暗流，翻騰著情感的浪潮。

　　然而，我不確定不朽；我不確定個人身分的任何延續。如果有哪個好奇的人檢驗我的信仰，向我提出一些問題，我會說我不知道，儘管許多問題在幾個月前，我還可能已經以肯定的方式、愚蠢而性急地回答。不過我相信的東西中，有些比以前的更豐富、更充實，比如說基督教的聖禮，因為聖禮上似乎流動著感人的愛的浪潮，流向未知的海岸。上帝、基督、聖靈對我來說不再是教義，而是有生命力的存在，如果不那麼明確，就會更廣博一些；如果不那麼為人所理解，

就會更珍貴一些。以前我希望了解祂們的安排、祂們的方法、祂們的思想；如今我不再有這樣的奢望，因為我覺得有一種力量我可以與祂們分享。

不過，我不能與有疑慮的靈魂爭論；我無法讓焦慮的心消除疑慮。我只能告訴那些悲哀地探索教條和教義的人們，他們是在死者裡面尋找生者。我可以像求助於身邊朋友那樣求助於上帝；但是目前的祂超越了我的思想，所以我現在對上帝什麼也斷定不了，只能去愛，去充分理解。

如果我再次面臨死亡，也許是所有這一切都將從我這裡退出，除了對失敗生活的純粹意識，就像所有的事物，都將離我而去；但是我知道，我將能感覺得到，我只是關上了門，走進暗黑的房間，而外面的陽光依舊普照著田野和樹林……

今天午後我出去散步，恰好是日落時分，一個人沿著妹妹家附近的一條小巷 —— 這條巷子最近我已經很熟悉了 —— 腦海裡縈繞著美好的、令人愉快的回憶。意識到自己恢復了體力讓我非常高興，但是一想到就要告別，告別我生活當中這段奇特而又莊嚴的時期，我又覺得有些難過。儘管這段時期覺得苦悶，甚至恐懼，卻也莫名其妙地充滿著極大的幸福感 —— 我想，就是離世界之心越來越近的幸福感。

順著小路走出一片小樹林，前面突然出現了一個陡坡，站在這裡可以看到平坦、肥沃的草甸，一條水量充沛的小河

10 月 14 日

在榛子和橙木叢中慢慢地流淌。太陽就要下山了，天空布滿了深桔黃色的光輝，在世界的邊緣，似乎靜靜地燃燒著神祕的火，冒著煙霧繚繞的蒸氣。晚霞的色彩很快消失在田野上，但是我能模糊地看到叢林之間那暗綠色的草地，這些樹用它沒有葉的、盤根錯節的樹枝遮擋著西邊的霞光，我還能看到遠處小山坡上那些蒼白的空地，這些小山也曾樹木茂盛地聳立在平原上。小溪、池塘和蘆葦蕩隱約閃現著微光。整個場面充滿了一種和睦的氣氛，不僅僅是平靜或安寧的狀態，而且還有那種熱情和強烈的狀態，似乎因渴望理解快樂的祕密而激動不已。

就在這個時候，一隻龐大的蒼鷺盤旋在小溪的上方，翅膀彎曲著，在天空的襯托下像一道黑影，以一種從容的姿態向下飛往自己的宿營地。

我也會如此。我的靈魂也會落在閃閃發光的死亡水域，從容或毫不畏怯，心態平靜，愉快、滿足地前往；儘管一切是一片昏暗。休息吧，直到另一個世界黎明的到來，靜靜地睡著，或者安詳地醒著，除了夜風吹過寧靜的草地的颯颯聲，或者小溪緩慢的流淌聲，別的什麼也聽不到了。

上帝可以休息，但是不會終止。無論是白天還是夜晚，龐大的心都會在其神祕的細胞裡跳動著，悸動的生命潮水也流入我的心田。是什麼樣的痛苦、什麼樣的沉默，能讓這種

強大的推動力結合起一切有利的，或者能讓曾經活著的、有
過愛的生命變得摧枯拉朽？

官網

國家圖書館出版品預行編目資料

與死亡的 67 場對話：劍橋大學教授本森日記選，
還原出震懾人心的死之體驗 / [英] 亞瑟·本森
（Arthur Benson）著，邢錫範 譯 . -- 第一版 . --
臺北市：崧燁文化事業有限公司 , 2023.03
面； 公分
POD 版
譯自：The gate of death.
ISBN 978-626-357-095-5(平裝)
1.CST: 生死觀 2.CST: 文集
 197.07 112000215

與死亡的 67 場對話：劍橋大學教授本森日記選，還原出震懾人心的死之體驗

臉書

作　　　者：[英] 亞瑟·本森（Arthur Benson）

翻　　　譯：邢錫範

發 行 人：黃振庭

出 版 者：崧燁文化事業有限公司

發 行 者：崧燁文化事業有限公司

E-mail：sonbookservice@gmail.com

粉 絲 頁：https://www.facebook.com/sonbookss/

網　　　址：https://sonbook.net/

地　　　址：台北市中正區重慶南路一段六十一號八樓 815 室

Rm. 815, 8F., No.61, Sec. 1, Chongqing S. Rd., Zhongzheng Dist., Taipei City 100, Taiwan

電　　　話：(02)2370-3310　　傳　　　真：(02) 2388-1990

印　　　刷：京峯彩色印刷有限公司（京峰數位）

律師顧問：廣華律師事務所 張珮琦律師

定　　　價：299 元

發行日期：2023 年 03 月第一版

◎本書以 POD 印製